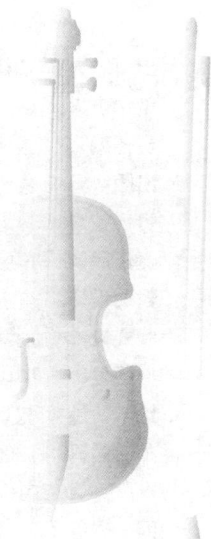

时 风 感 悟

艺术、思想之遇

卓新平 著

中国大百科全书出版社

图书在版编目（CIP）数据

时风感悟 / 卓新平著 . -- 北京：中国大百科全书
出版社 , 2025. -- ISBN 978-7-5202-1671-5

Ⅰ . C53

中国国家版本馆 CIP 数据核字第 20249UX148 号

出 版 人	刘祚臣
策 划 人	曾　辉
责任编辑	张晓娜
出版统筹	程　园
责任校对	林思达
责任印制	李宝丰
封面设计	末末美书
版式设计	刘龄蔓
出版发行	中国大百科全书出版社
地　　址	北京市西城区阜成门北大街 17 号
邮政编码	100037
电　　话	010-88390635
网　　址	www.ecph.com.cn
印　　刷	北京九天鸿程印刷有限责任公司
开　　本	710 毫米 ×1000 毫米　1/32
印　　张	7.75
字　　数	165 千字
版　　次	2025 年 3 月第 1 版
印　　次	2025 年 3 月第 1 次印刷
书　　号	ISBN 978-7-5202-1671-5
定　　价	78.00 元

自 序

　　每个人都会有独特的时代境遇，感受到不同时风，或欣慰或苦涩，各种情感复杂交织。自己所处的时代则基本上是一个平静而平凡的时代。但是，和平年代也有波谲云诡、暗流涌动，这让我们这些同时代的观察者们也感到惊心动魄。受所处时代及教育的影响，笔者虽为一介书生却也曾豪情满怀，想为社会做点有意义的事情。我们的一生基本上是跟着时风走，或被其吹着走。在这种风潮中，个人的力量通常微不足道，所以会自觉或不自觉地随风而行，而无意识者还会感到自己可能是其时代风波中的弄潮儿，盲目地自我陶醉。早在大学读书时期，自己就拥有这种可"大有作为"的梦想。当时十七八岁，我曾独自跑到湖南第一师范学院与那里的朋友畅谈理想、抱负。这里是毛主席的母校，在此之境难免触景生情，涌现出豪言壮语也属自然。大学毕业后我去农村锻炼、工作长达近四年，当时自己的情绪很低落，但也深深感受到基层民众的疾苦，体会到他们的纯朴和期盼，所以与他们有着情深意长的友好共处，也从内心感受并体会到社会底层的艰苦和不易。回校不久，我就获得去湖南大学进修的机会，在长沙这三个月复得的进修学习极为宝贵，自己不敢懈怠；但周末也常与同学登上岳麓山顶，在赏心悦目的自然景观中往往会禁不住展望人生的未来，吐露宏伟的志愿。那时的青年人风华正茂，豪气冲天，也曾有过"指点江山，激扬文字"的巨大抱负。

年轻人刚步入社会时当然应该富有理想，憧憬未来，这会起到人生励志的重要作用。但人贵有自知之明，对理想、抱负也不要过于奢望，做好自己就行，否则会有失落和痛苦。从自己上大学时那种显得稚嫩的"立志"到如今，一晃就过了五十多年的光阴，真的是"弹指一挥间"。虽然学习了一辈子的英雄，现也已接近古稀，自己却没能找到"老骥伏枥，志在千里；烈士暮年，壮心不已"那种豪迈的感觉，更多的是"独立书斋啸晚风"的悲凉感触。王勃写"老当益壮，宁移白首之心"时乃二十来岁的青年，其英年早逝，故不知这种"壮志"能否真会保持到暮年。但他当时境遇不佳，却已体现出"穷且益坚，不坠青云之志"的气质。这种大手笔、大气概的确感动了无数中国人，迄今人们也折服于王勃崇高的精神境界。对比之下，自己现在真已到了"壮志未酬"而沐夕阳余晖之际，虽心静似平湖，仍不免"含风皱微漪"。年轻时曾怀有种种构想和抱负，而愧有宏愿大志却未能成，终存遗憾之感。但知足常乐、自知则明，我虽一生平凡，也不想因此就暮气沉沉，而应慕前人之风骨，在精神上保持"童心"或"初心"，否则自己会真对不起这逝水流年。不过，对自己一生仍需平静、豁达地看待，人为想法所累则真不值得。由此可见，"道法自然"方乃人生的最高境界。

应该说，我从1972年步入学习、教育、研究的历程后，过去五十多年的生活经历还是比较丰富多元的；人的一生多半都处于动变之中，会在历史的流水之中呈现自我。自己虽然在所处的时代中顶多只算个观察者，却至少也是卷入了时代变迁，领略过潮起潮落。我们这一代人因为"文化大革命"而曾"上山下乡"，亲身体会过最底层人们的艰辛；但其中也有不少人因得益于中国的改革开放而得以走进学术殿堂，看到丰富而精彩的外面世界。我本人就经历了这种传奇的生涯，有着峰回路转的巨大改变，成为同辈中的幸运儿。作为在国内封闭环境中长大的一员，自己从没有想到过这辈子还会立足学界而笔耕不辍，并有着出国留学、游历多国的机会。这种经历是自己生命中最宝贵的财富，自己理应幸福满满。所以，我非常感谢自己所处的时代及社会，庆幸拥有色彩斑斓的人生。回顾过往，我会充满感谢和感恩。

不过，我作为书生虽与书本为伴，却尚未达到心无旁骛、潜心于书屋的境界，也没想成为只会读书、只能读书的书呆子。在时代大潮中没有资格当弄潮儿，但在水汽的冲击下观潮人也往往会湿身。尤其是我们研究人文社会科学，更不可能"躲进小楼"完全不顾及春夏秋冬的季节变换。社会研究者必然要接触实际，贴近人生，不可能旁观，也无法躲避。于是，游学自然会增趣，让自己去体悟更加丰富且多元的人生，透彻把握文化人生的意义，享受人生的情趣及快乐，品味经验教训的复杂与苦涩。这也会让我们在人间悟透一切地"潇洒走一回"，不枉此一生。当然，现实人生中绝没有世外桃源，我们在平凡的读书生涯中也就自觉或不自觉地身处社会的旋涡，触及国际风云。自己虽因角色卑微而不至于直面风潮，但不经意地踏入其中而泛起的层层涟漪也会弄皱生命之流的水面，留下令人难忘的印迹。所以，走过的历程平凡却不平静，生活的滋味平淡但不平常。多样的经历让人感慨，故而在几十年的奋笔疾书中不只是较偏的专业研习，也会不时记下生活中所经历过的方方面面、感触到的点点滴滴。

20 世纪 80 年代末，我从德国学成回来，精力转向国内的学习和研究。而过往国内外研习的经历已经根本改变了自己的人生，虽然没了少年时那充满激情和想象的理想主义和浪漫主义，却也没有气馁和松懈。在专业领域我出道较晚，既非"大器"，也未能"晚成"，而且在基本训练上也有不少先天性不足，故此只能望洋兴叹而无法弥补。这种平凡而有限的人生使自己无法自我感动，也无丝毫的自我满足。但也不必过于苛刻地看待此生，自我感觉尚可有"毕竟是书生"之定位，对发展结果也有了"水穷云起"的豁达。作为草根的我，理应识趣自知，杜绝奢望幻想。而在普通生活领域，自己同样不属于那些"玩家"类群，却偶尔也有不经意的闯入，触及多样有趣的文化生活，与各种艺术及一些艺术家朋友相遇，体悟到某种颇具精神意境及潇洒浪漫的心灵"把玩"。所以，人生虽然不是浓妆艳抹，却也并非是毫无色彩的白纸。这种命运所降的"缘在"及与艺术、思想的偶遇，无意中对文化雅趣的追求及风雅的附庸，使看似单调平淡的读书生涯终于有了微风吹动的波纹，可以欣赏到水墨画般的淡雅，获得微妙而颇难言述的意趣。于此，我深深感到，艺术中充满着对生活的热情，而思想中则折射出对生命的敬重。学识与修养应该并重，知识的厚重与兴趣的高雅可相得益彰。在中国古典文化传统中，学者与文人乃有机共构。而当今的现代化社会，仍可留住这一遗风，保持这种擘雅。

目前世界被一种悲观的浓雾所笼罩。自然资源的加快枯竭让人有着人类最多还能延续百年之虞。人来自自然，却在毁灭自然，人类在劫难逃；在病毒肆虐之后，人们深感还会邂逅更大的瘟疫，故在恐慌中等待不知何时会降临的另一次打击。人工智能的发展，引发人们对机器人的畏惧，浮现出十年左右人类就可能败于机器的担心；虽然现在暂时还是人机协调，却可能正在走进一个会招致人类毁灭的"硅基生命"的全新时代，也很难分辨这是否乃"危言耸听"。而俄乌之战、巴以冲突，让人担心核大战会一触即发——核武器可以在瞬间灭掉整个世界。但这种处境使人今后会更珍惜生命，也迫使人需要尽快悟透人生的意义与价值。我们的科学知识、哲学认知、知识结构尚落后于时代的发展，对未来发展的愿景仍有某种自我封闭。如果不能与时俱进，随时洞观世界的风云变幻，冷静审视人类的所作所为，那么一旦打开这种封闭就会产生自己已经无法适应的空白、茫然和恐怖之感。因此，必须注目大千世界，反省自我存在。

人的一生仅几十年光景，多则也不过百余年而已。因此，人首先要争取活着，其次是健康地活着，再次则是幸福快乐地活着，最后还应该是有意义、有价值地活着。活着不易，有尊严地活着可能是奢望，而充满意义的人生则更为罕见。每一个人的存在，都是某种缘在，这种"在"就是生命的价值及底线意义，在此基础上才可能争取更好的存在。最近北京台播放的一部电视剧扣人心扉，并流行开"明天和意外不知哪个先来"的说法。所以，活好当下，活过今天，成为人们的现实关切和基本诉求。此外，随着相关民族之间交恶，和平可能被战争取代的因素加大，世界山雨欲来，人类危机加剧，国际发展的空前复杂更使人对被视为"一半天使，一半野兽"的人类自我演变性质加深了担忧，并在人类进化或倒退的扑朔迷离中不断增加新的疑问和感叹。若失去了自信，则会让人有一种历史如烟，现实似雾，未来像谜一样看不清、说不明的茫然，充满对当代人的绝望。今后"世界往何处去"成为全人类之问。而其复杂也让我不得不告别理想主义，寻归现实主义。在撰写硕士毕业论文时，我选择了一个关涉现实主义思想的论题。为此我也一直坦言自己不是理想主义者，而乃现实主义者，只不过是一个比较开放的现实主义者而已，故既反对保守、轻言放弃，也不会因现实冷酷而低头、退缩。尽管现实生活不可能尽如人意，但并不妨碍人们认识自我、追求意义、培养雅趣、提升境界、达其完善。于是，也就需要有思考、有感慨、有追求、有灵动的人生。这种同感及共识曾催生出古今中外各种"思想录""沉思录"和"忏悔录"，以及丰富的回忆和感想等。这些虽然为随笔、断想，也不乏真诚、睿思，让人体悟、寻味，因而脍炙人口，流传千年。所以，思想是可以超越时空的，人的一些精神会保留下去，而且会与信仰相伴。这也正是人虽复杂却仍然具有永恒性的重要原因之一。

故此，作为一介书生的我也会有自己的思考、感想。在中国社会文化环境中，知识阶层尤其希望获得社会的理解及尊重，期盼追求知识的人越来越多，对学问的追求亦能越来越强烈，让知识阶层也能发挥越来越大的作用。而离这样的愿景越远，其精神的眷念则会越加强烈，这种思绪就如追求理想的幽灵在未知的无限空间中盲目地飘荡。当社会不去理解或无法理解与人类相伴的信仰现象时，躲避、禁止或打压反而会激发出更大的渴慕及向往。对未知之物及精神追求的话语必须开放和包容，宣称自己已经获知了世界的奥秘或把握了宇宙的真理，其反映的只可能是无知、狂妄、傲慢和僭越。人的这种短视和戾气正让人类陷入灭亡的泥泽而无法自拔。现在已经不是人类如何可持续"发展"的问题，当务之急乃人类如何才能可持续"生存"。

但对未来的悲观势必让人求得当下的乐观，今天此时遂成为最真实的存在。人不奢望却也不要绝望，需要在"失"与"盼"之间找寻真实的人生。现在所流行的"躺平"反映出一种消极：既然人类的命运如今又被一些不负责任的政治寡头及其利益集团所把握，世人对之既无能为力又无法摆脱，那就只能听天由命、随遇而安，放弃徒劳的抵制和自杀性反抗。于是，近乎绝望的现实中的生命狂潮正席卷全球，民众仍在过着麻木而欢快自在的生活，把一切交给现在，以"当下为乐"的行动来替代"远方与诗"的憧憬。这虽然好似有点玩世不恭，或许在这种平凡之中也有淡定和超越。不管未来如何，日常生活照过，人类就是如此走过，而且对未来的憧憬及努力也不会放弃。虽不该盲目乐观，但绝不可杞人忧天而毁了当下。其实，地球并不需要人类的拯救，反而是人类需要检省自我，人类永不知足的贪欲和不愿停步的发展不仅会毁了人类自己，而且也势必连累地球。实际上，世人也的确在不断反省、思考和自责，但这点反省在整个人类发展中几乎是微不足道的。

到了追忆似水年华之际，自己体会到的是越来越多的曾经沧海而渐趋平淡的感觉。人生只不过是短短一瞬，自己自然就会有"俱往矣"的超脱和放下，从而也多少留下了心定和心静。不过，生活的复杂及时代的变迁虽没有给自己带来什么太大的感动，却也没有导致感觉上的麻木，在不经意地走入这段历史时仍然涉入了各种文化层面的活动，写下了不少细微的感悟。而在即将步入老年时则会不时泛起对往事的回忆，对相关问题的思考，故而也就有了这些内省、独思等记载的笔痕。这里，并没有苏东坡那种"老夫聊发少年狂"的气势，而是会多一点忧思、怀旧、惆怅和感伤，以及不甘沉寂但能自我觉悟的解脱和超越。

对生活的乐观和对人类命运的担忧之交叉对照，已经有了不同反映，基本的共识也很明显。不少人在自娱自乐，以便自我能陶醉于知足常乐。不过，找寻生活乐趣、人生志趣的方式多种多样。有时还需要在隐有睿智的晦涩和含蓄中窥觅。这里，我的人生即书生经验或许会作为反射太阳光的一滴水珠而带来相应的启迪或借鉴。于是，本书收集了过去约半个世纪自己学术生涯中专业研究之外的一些偶思、奇想、体悟、随笔、散论和感言等，分为艺术、思想两大类的缘遇及感触，主要围绕自身经历特别是读书学习、文化熏陶和人际交往来展开，进而反映社会并剖析人生，形成我的精神怀旧之旅。但我并无"文化苦旅"之感受，反而会有乐在其中之欢愉。

虽然人生不可避免会有痛，人会感到"沉重肉身"之负担，却不能陷入痛中而无法超拔，不要被生活压垮。对此自己也深有体会，留下了心迹思痕。不懂艺术的我却偶尔会接触到各行各业的艺术家及其艺术作品，并为这些作品的艺术魅力所震撼，而这对自己的人生经历也是弥足珍贵的，可以缓解生活压力，达到自我解脱和升华。所以，我不由自主地追求思想深邃的同时，同样也会向往、追求艺术的浪漫、潇洒。因此，人生虽短，收获却很多，将之付诸笔端也是一种乐趣。呈现于此的这些文字虽不成体系却也有其内在联系和思想逻辑，反映了自己学术研究生活的另一面及思想精神上的点滴收获。其中可能颇有幼稚、空洞之想，让人见笑或批评，但仍显出了书生意气的真诚、质朴、直率和期盼。这种天性很难磨灭，因为敝帚自珍，所以没有舍弃。

　　不过，本文主题虽然较"散"，实则有着哲学意蕴层面内在关联的"思考"。有人认为中国当下没有哲学家，而只有哲学史家或"哲学家研究家"，甚至连钱锺书这样的大学者也用《围城》小说的口吻表示，中国没有哲学家，而只有研究别人思想的哲学家。故而社会上流行"哲普家"（哲学普及家）之说。于此，或许是人们把哲学家过于抽象化、理想化了吧。其实，我们不只有思辨哲学家，也会有人生哲学家，古今中外大致都是这种状况；既有似乎好高骛远、不食人间烟火的纯抽象思辨的哲学意蕴，也有颇接地气、充满人间关爱的哲学情趣。故而也不必将哲学家过于抽象或升华，导致现实存在意义上的虚化。哲学就是生活的智慧，其精髓则在于"大道至简"。于此，我们对比中外众多知名哲学家，会看到不少人仅留下只言片语，且"语无伦次"、任意发挥，由此对"哲学家"这一桂冠也不必苛求。哲学的特点就在于"智"，中国人的睿智因社会处境及历史背景与他国迥异，故表达也比较特殊和含蓄，需要细心琢磨和体悟。实际上，个人主体的思考及其形成的独特思想，就是哲学性质的典型体现。那种认为过去才有大师，现今已凋零的看法并不准确，我们大可不必妄自菲薄。过去的大师恰逢不少新的学科开创之际，他们继往开来遂成为开拓者、创建者。其实，他们的不少认知或见解在今天看来也有稚嫩、不妥之处，并非不可企及或无法超越。不过是距离产生美、时久方醇香的习惯认识罢了。历史在发展，时代在进步，当代中国自改革开放以来的学术成就可圈可点，不应无视。或许，我们仍有勇气说，"数风流人物，还看今朝"！

古今哲学散论不仅有西方的《忏悔录》《思想录》，也有东方的"心学""禅悟"，其中虽无思辨体系可寻，却也反映出人的主体生存。真正的哲学家，会藏其玄奥于平凡之中，等待知音的发觉和赏识，但也不用担心可能会千年沉寂。当然，这种思想之"散"，尽管没有抽象意境之玄，仍可能会凸显表述之美。故它们虽不是孤独自表，但也不意在流芳百世。幸运的是，自己得以与哲学和艺术相遇，虽属无意或偶然，却给自己带来极大的快乐和无限遐思，有种种感触，并不时记录下来，故而留下此笔记。不过，人贵有自知之明，这些散思漫想仅是率性而为，或许也是自己已无能超拔故无所作为的"叹息"，因而相关感悟并无太多文学意义上的抒情或文字表述上的浪漫，缺少一般人们对"散文""散论"所理解的那种典型风格，也缺少到达理想之境的美感深意，尚请读者明鉴和谅解。但毕竟存有我们这一代人的生活印痕和精神轨迹，是我们现实境遇中的"怕与爱"、人生经历的"意识流"，是一种见证，可能更是一种启迪。我们这一代即将老去，正在完成表演之后的谢幕。于此，特别祈愿这里所呈现的、在有幸或碰巧所生存的这一独特时代沐浴其强劲时风而获得的文化雅趣，以及产生的种种感悟，会给自己带来暮年的警醒，也能引发相关关注者在更多层面理解多元人生时的触动。

目 录

第二编

悟精神之意

第一编

得人生之趣

一、小提琴之缘

（一）

西方乐器从效果及影响上来看，钢琴可以说好似音乐王子，声音豪迈奔放，尽显其华丽；而小提琴则宛若音乐公主，音质高雅婉丽，尽显其柔美。二者都给人留下了深刻印象，受到普遍欢迎。我不懂音乐，也无缘学习乐器，但我与这两大乐器及其演奏家却有某些间接接触，尤其与小提琴有着某种独特的缘分。最早近距离接触钢琴家是 20 世纪 80 年代初，那时我们研究室主任、我的硕士论文指导老师之一的高先生与著名钢琴家巫漪丽结婚，我去参加他们的婚礼，中央乐团著名指挥家李德伦主持婚礼。此后，我又见过巫女士几次，但交谈甚少。我听过她演奏的《梁祝》，印象深刻。她曾是中央乐团第一任钢琴独奏家，其前夫则是中央乐团第一任小提琴首席杨秉荪，他们曾被誉为音乐界的"金童玉女"。可惜二人在"文化大革命"期间遭受迫害而被迫离婚，留下些许遗憾。其实，我的硕士生导师赵先生也与音乐极为有缘，他的前妻是中央乐团著名作曲家瞿希贤。可以说，我就是听着、唱着她谱写的歌长大的。相同的悲剧也发生在他们身上，他们俩被"文化大革命"拆散，从此各奔东西。在赵先生浪迹天涯时，我曾在比利时鲁汶他的大女儿家里住过一晚，那次与赵先生有过时间较久、也比较深入的谈话。我第一次突破学生的顾忌大胆向导师提出了许多问题。赵先生的音乐造诣很好，我听说他的二女儿也是弹钢琴的，现旅居法国巴黎。我留学回国之后，在上海大学认识了美国著名学者裴士丹的夫人，她也是著名钢琴家。那时她对上海大学一位研究生陈女士的钢琴演奏赞不绝口，评价颇高。在她导师的安排下，陈女士曾为我在上海期间义务做过导游，从此我们也成为熟人。现在陈女士在香港任教，不时会给我寄来她的音乐作品和一些钢琴名曲，以及她对艺术的感悟。她告诉我她在香港与著名钢琴家刘诗昆非常熟悉，常有来往。此外，她还提醒我，我与德国著名音乐家巴赫是同一天的生日。在20世纪与21世纪交接的那十多年里，国际文化交流中心曾多次邀请有"钢琴王子"之称的法国钢琴家克莱德曼来华访问，我也有幸欣赏过他的精彩表演。不过，自己与钢琴演奏者交往还是太少，对钢琴曲目的了解很不深入。所以说，我与钢琴稍稍有点缘分，但属于浅识而未深交，对之有着高不可攀的敬畏心理。

我与小提琴则有某种特别的缘分，这使我这个外行对小提琴情有独钟。从中学开始，我就喜欢上了乐器。最早是学吹笛子，而且还比较专一，学校乐队甚至曾考虑过让我专攻吹笛子。记得那时喜欢吹的曲目有《战马之歌》《骑兵进行曲》等，若干年后我在兰州黄河边的公园里听到有人在自娱自乐地吹奏这两首曲目，这一下子勾起往日之忆，心里还异常激动。当时我还试学过吹箫，但没有进展。我曾对笛子特别执着，且因扰民而多次遭到邻居抗议，我不得不躲到防空洞里练习，但是洞里空气不好，并不适合练习这种需要大量呼吸的乐器。于是，父亲不知从哪儿找来一把琴箱都已经开裂的龙头二胡，用胶带把琴箱绑紧，让我改学二胡。当时单位里有几位转业军人天天拉二胡，于是我就去凑热闹，向他们求学。有一位拉得特别好的叔叔告诉我，他参军三年，赶上部队外出野营拉练，他留守营房，因为无聊而拉了三年二胡。虽然他一天也没有摸过枪、打过靶，二胡却拉得炉火纯青。我们曾在一起练习过《空山鸟语》《赛马》《病中吟》《红军哥哥回来了》等曲目。那时《二泉映月》还没人知晓，大家也没拉过。于是，学校乐队也就让我改拉二胡了。当时我们都是"无师自通"，找到简谱就"自学成才"了，但一进乐队合奏就乱套了，大家弓法、指法都不对，基本上无法统一。担任乐队指挥的那位数学老师也顾不了那么多了，告诉大家只要拉的声音对、旋律比较齐整就行了。现在想起来都是笑话，感觉那真是对音乐的"亵渎"！

在中学时期，碰到海政文工团来常德演出，我印象最深刻的是小提琴合奏《红色娘子军》中的舞曲《快乐的女战士》。其中首席林丁丁的演奏更是出神入化，深深地打动了我，让我惊讶于世上竟然还有如此好听的音乐。这是我初遇小提琴悦耳的琴声，从此我就彻底被征服了。回到学校，我曾专门到乐器房去找小提琴，虽然也找到了几把，但都缺琴弓、琴弦，而且根本没有人能够教授这么高雅的乐器，只好作罢。后来才知道拉小提琴需要童子功，应该从 5 岁左右就开始练习，否则难入科班之门。此后我妹妹曾专门托人从上海买来小提琴，还跃跃欲试，但因没有人能教而没有学会。不甘心的妹妹有一段时期还专门督促她女儿学习小提琴，结果也是半途而废，无法修成正果。尽管我中学时期没再敢尝试"自学"小提琴，却开始喜欢听别人演奏。记得上大学后发现有一位归国华侨利老师喜欢拉小提琴，我就经常躲在他房间外面听他演奏，往往一听就是半个小时以上。在当时的社会环境下，他演奏的基本上也是芭蕾舞剧《红色娘子军》中的插曲。我大学毕业后下放锻炼，有一次县里剧团的演员们到我们大队工地上劳动，我被派到广播室给他们放音乐。一些年轻的演员专门跑到播音室要我播放潘寅林演奏的小提琴独奏曲，这正合我意，那一天我一遍又一遍地播放他的代表作《金色的炉台》《苗岭的早晨》和《千年的铁树开了花》等，真是过足了瘾。来北京之前，除了潘寅林演奏的上述曲目，我常听到的小提琴曲还有盛中国演奏的《新疆之春》、俞丽拿演奏的《梁祝》等。

　　感人的小提琴音乐，也在我曾看过的一部罗马尼亚电影《奇普里安·波隆贝斯库》中生动地表现出来。这部传记片于 1978 年在中国上映，讲述的是罗马尼亚作曲家及小提琴家波隆贝斯库（1853—1883）的故事。他创作的小提琴曲《叙事曲》凄美哀伤，苍凉悲切，扣人心弦，让人久久不能忘怀，心情亦很难平静。琴声淋漓尽致地描述了他短暂而苦难的人生，也展示出其高贵的精神。而罗马尼亚小提琴家塞尔娜演奏的这部《叙事曲》被誉为罗马尼亚的《梁祝》。小提琴的这种魅力同样也在 1979 年上映的国产电影《生活的颤音》

中极为典型地体现了出来，其中史钟麒扮演的男主角郑长河是一位小提琴演奏家，李耀东作曲，盛中国小提琴独奏的《抹去吧，眼角的泪》为该片的主题曲，其旋律堪比波隆贝斯库的小提琴曲《叙事曲》，也好似由"血和泪谱就的曲子"。这种小提琴的颤音正是生活颤音的真实反映、生动写照，同时也像是在一个充满灵性的精神世界中将之诗化、升华。

在德国留学期间，我曾遇到几位学音乐的中国朋友，如作曲家苏聪、指挥家汤沐海、小提琴演奏家叶林等。当时我与苏聪、叶林住在同一个学生宿舍，叶林在宿舍练习小提琴时我经常跑过去听，他也会热情地为我专门演奏一些好听的曲子。在我回国之前，在慕尼黑组织了一场中国音乐会，为此联系过汤先生，但他因故未来。那次压轴的节目就是叶林演奏的钢琴伴奏的小提琴独奏曲《梁祝》，并受到热烈欢迎。他现在已留在法兰克福的交响乐团工作，我不时还从网上关注到他的相关信息。因为专业研究的关系，我认识了德国基金会负责中国事务的盖格先生，也曾到他家里做客。很巧的是，他的名字Geige在德文中就是"小提琴"的意思，而他的中国太太正好也是学习制作小提琴的。在他们家里，她还专门为我演奏了一些小提琴曲目。回国后，我又认识了在意大利留学专攻小提琴制作的著名教授郑荃，他有"国际提琴制作大师"之誉，曾请我到欧美同学会做过专题报告。对这些演奏及制作小提琴的朋友，我是由衷的佩服。在国内外，我也不时去欣赏小提琴演奏的专场音乐会。回国之初，我有一段时间几乎每天都听西方古典音乐，而且以小提琴曲为主，以舒缓当时的郁闷心情。那时德国学术交流中心北京代表处的负责人是一个巴赫音乐迷，他经常办讲座介绍巴赫的巴洛克音乐，我也是听讲座的常客。他最喜欢讲解的是《马太受难曲》和《约翰受难曲》等，他每次讲解时都眉飞色舞、声情并茂，大家都会受到感染。

儿子小聪5岁时，想学板胡或小提琴。由于找不到板胡老师，我们就给他到东城区少年宫报了小提琴学习班。在这里我再次碰见了林丁丁老师，他可以说是著名小提琴家杨天娲、何畅等人的启蒙老师，可惜小聪没有机会跟他学琴，而是进了其他班。当此班解散后，他遂经人介绍跟了别的老师一对一地学习。先后教他小提琴的也曾是北京相关乐团或剧院的小提琴首席。他长大之后，也自己报名先后参加过中央音乐学院和上海音乐学院的小提琴培训班。本来我想趁儿子学琴之机也跟着学点基本知识，还曾买了一把成人琴作为准备。但那时我担任副所长不久，因工作太繁忙无法学琴而彻底放弃了这点奢望。小聪并没有以音乐为专业的打算，只是想增加一点音乐兴趣而已，却因这点特长而进了东直门中学，并在刚入校时就随乐队去法国参加音乐节，第一次离开家出国去欧洲跑了一趟。在小聪学琴期间，我们随他一起多次到金帆音乐厅和中央音乐学院音乐厅等处观看小提琴表演，少年时期李传韵、杨天娲等人的演奏给我们留下了难忘的印象。

我也让小聪在国际文化交流中心的联欢会上演奏过小提琴，当时还得到过作为观众的中央音乐学院教授、著名古琴演奏家李祥霆的关心。著名小提琴教育家林耀基也曾是国际文化交流中心的理事，虽然我们同为理事，但考虑到自己孩子学琴的档次不够，我很有自知之明而没敢去惊动他。2003年至2004年我在英国伯明翰大学做访问学者之际，小聪在那儿读初中，他曾在伯明翰民间音乐节时跑到大街上拉了一会儿琴，也曾两次应邀到附近的敬老院给老人们表演，听众中有一个中国人，他曾担任过香港某大学的校长，他告诉我他年轻时也曾学过小提琴制作。当地教堂圣诞节时请小聪帮助演奏背景音乐，他为此演奏过《圣母颂》《天鹅》《沉思》等曲目，受到大家的喜爱。后来在复活节时教堂负责人又请小聪去演奏，并告诉他这是一个令人高兴的节日，应该拉欢快的曲目。小聪并没有这方面的音乐准备和训练，急中生智就即席演奏了中国著名琴曲《新疆之春》，没想到获得全场的热烈掌声，那位负责人也非常激动地邀请小聪今后常来。有一次，伯明翰的朋友邀请我们全家去参加他们的新年联欢会，会上主持人提议让小聪拉一个小提琴曲目，但提醒他只能演奏一个曲目，因为表演的人实在太多。不料小聪演奏完之后，主持人又专门跑到他身边请他再演奏一曲。记得我去德国汉堡做学术报告时，主持人为了使会场安静下来，先让小聪拉了一首小提琴曲目；而到报告结束进入问答环节时，最后一位女士的提问竟然是要求小聪再拉一曲作为结尾。此后我曾应邀在德国蒂宾根大学讲演，主办方专门邀请了四位年轻人以提琴四重奏作为开场。当时在那儿做访问学者的北大教授张祥龙对我说，还没有看见过这种以音乐形式开场的学术讲座。但年幼无知的小聪却不满意，认为他们演奏水平还不如他呢！此外，他还在国内外参加过几次联欢会的演出，大家都对他加以好评和鼓励。有一次，我们计划在北京举办的国际研讨会上进行联欢演出，美方合作人曾事先联系一位他们非常熟悉的著名流行歌手兼二胡演奏家来表演，但她因场地不理想而拒绝了。美方朋友没辙了，只好请小聪来救场。小聪心里虽不高兴，却出于礼貌也没有拒绝。他表演完后，同事们评论说，"你儿子小提琴拉得真不错，只是态度太傲了"。而随后应该接着演出的一些美国小姑娘们竟然说不敢上台表演节目了，理由就是前面的表演太好了。几经安慰鼓励，她们才继续演出。此后，这些朋友一有聚会联欢的机会，就会热情地邀请小聪及其演奏小提琴的小伙伴们来参加。小聪长大后虽然没有从事音乐专业，但在其自行车骑行爱好者中却也找到了几个兴趣相同的人。他们组织了一个小乐队，取名"然者"（String Rangers），他既演奏小提琴，也学会了表演曼陀林琴；大家在一起追求一种轻松愉快、无拘无束的蓝草音乐风格，展示出"非标青年"的新潮。最近香港一位爱好音乐的朋友魏先生发来黄滨演奏、黄安伦作曲的小提琴曲《致小爱莲》，希望小聪演奏一下试试；我把小聪试拉的视频发给魏先生后，没想到他直接转发给了黄安伦先生，并立刻获得黄先生的回复及指导和鼓励——"拉的很好啊！后面转大调时请稳住"。小聪去中国音乐学院时曾见到过黄滨老师，但彼此不认识。黄滨老师是湖南长沙人，4岁开始拉小提琴，如今其小提琴技艺已是炉火纯青，真是我们湖南人的骄傲。小聪参加中央音乐学院和上海音乐学院小提琴培训时也认识了不少小提琴大师，对其也只能是望洋兴叹了。

　　我认识一位多才多艺的领导，他拉大提琴非常出色。他曾组织"三高"交响乐团，后又组建了满天星交响乐团。其中一位小提琴手是我的好朋友，曾担任中国人民大学副校长。有一次我与他通电话，在电话中他听到我家孩子练琴的声音，评价说拉得还不错，这时我才知道校长少年时曾师从中央音乐学院名师学过小提琴。此后我们常在一起谈谈音乐，说说小提琴。有一次我们同去欧洲开会，休息之余又一起去乐器店游逛，他想给自己买一个合适的小提琴肩托，我则是为了给小聪买几套 Pirastro 琴弦。有时，我也会查找比较理想的琴弓，据说最好的琴弓应该是用巴西的木料和蒙古的马毛制作的。在与小提琴爱好者的接触中，我真是开了眼界，突破了自己的思维局限。在那个民间乐团的一次演出中，我看到的小提琴独奏者竟然是当时的苏州市委书记，他演奏娴熟，显然具备学琴的童子功。而我们在策划太湖文化论坛时曾碰过面，不过没有交往。没想到这些领导都如此多才多艺，时常给我们带来惊喜。有一次我与那位乐团团长，还有《中国日报》的周社长在一次开会休息时聊天，团长说起他们乐团有一位小提琴演奏高手，平时不露面演出，但关键的时候则会来亮相压轴。我非常好奇，连忙问那位高手是谁，若有幸很想认识认识。团长哈哈一笑，指着周社长说，此人远在天边、近在眼前，我这才恍然大悟。我认识周社长已经有几年了，没想到他出身音乐世家，也是小提琴演奏高手，我很惭愧自己孤陋寡闻。自己读了一辈子的书，有一种不知是"书卷气"还是"书呆子"的想法，以为"一心不能二用"，应该"术业有专攻"，故长时间放弃了任何业余爱好，生怕行差踏错。现在才知道原来是自己的格局太小了，世上一专多能的人才有的是，并不需要钻进死胡同而不开窍。满天星乐团演出有时也邀请中央歌剧院院长刘云志来增光添彩，他演奏的《查尔达什舞曲》等小提琴曲炉火纯青，让听众佩服、惊喜，一下子就使演出达到高潮，引得全场掌声雷动。刘先生担任中央乐团小提琴首席时，我就经常观看他的演出。我特别喜欢他演奏的民乐伴奏版《梁祝》，以及与盛中国、俞丽拿、吕思清同台合奏的《北风吹》，这与西洋曲谱风格迥异，却给人耳目一新之感。记得一次我参加关于小提琴的音乐讲座时听主讲人说过，如果有一万多人学习小提琴，其中若能培养出一位小提琴首席，那就相当不错了，而中国国家交响乐团的首席则更是高不可攀啊。可见，学习和演奏小提琴非常不易，而达到首席水平的则属凤毛麟角。刘先生曾于2000年到德国慕尼黑音乐学院进修，这一艺术殿堂对我而言因20世纪80年代苏聪、叶林等中国艺术家的就读故事早已熟知。刘先生精湛的琴艺、杰出的演奏闻名遐迩，他不仅于2003年获得名琴阿马蒂琴的使用权，而且还于2004年获赠著名斯氏琴（红宝石），并用其录制了小提琴作品专辑《名琴·梁祝》。在全国人大工作的缘故，我非常荣幸地结识了刘先生，此后我们交谈甚欢，见解上亦颇有共鸣，他还送给我他的签名版小提琴演奏专辑光盘，欢迎我观看他的小提琴演奏音乐会，这让我喜出望外。

我第一次去加拿大温哥华访问，接待我的许志伟先生安排了小提琴家刘元生陪我参观游览。早在20世纪70年代，刘先生就在广州友谊剧院演奏了《梁祝》。虽然他自20世纪80年代以来以企业活动为主，而且与王石非常熟悉，却仍于1990年在温哥华成立了"卑诗小交响乐团"，并亲自担任该团主席和小提琴首席。我观看过他的乐团的排练和演出，印象深刻。他还在香港组建了"香港爱乐团"，创立了赞助音乐等活动的慈善基金，一直保持着对小提琴的挚爱。

香港管弦乐团小提琴首席王敬使用的 1760 年瓜达尼尼所制名琴，就是由刘元生慈善基金会安排借给他用的。那次刘先生陪了我一整天，谈了不少他演奏小提琴的经历。到了晚上，他还邀请我到他家里做客，并在他的家庭影院观看了他以前演奏《梁祝》等小提琴曲目的影像。

小提琴演奏家非常讲究使用好琴，对小提琴的这种爱还表现在他们对小提琴的收藏上。我有一位好朋友徐先生，他的爱好就是专门收藏有品牌的小提琴，据说他为了买到一把名琴，还卖掉了几套房子，真是到了不管不顾、倾囊而为的程度。他展示过一把价值过亿的法国维奥姆名琴孤品，上面有拿破仑站在马旁边的画像；他对名琴爱不释手，而且对这把名琴的历史也一清二楚，娓娓道来，如数家珍。小聪还告诉我，中央音乐学院一位著名小提琴演奏家为了得到一把名琴，也是把自己的大房子卖掉了来筹资买琴。这种对音乐的执着甚至痴迷，让我敬佩并感叹。这些缘分使我对小提琴有着极为特别的感觉，悦耳的琴声对我有魔力般的吸引，它让我着迷、令我沉醉。我每次去听小提琴演奏音乐会，都是抱着一种朝觐的心情前往。而每当小聪在家练琴或电视中有小提琴演奏的节目，我也都会情不自禁地放下一切，在倾听中静静地享受，似乎进入了音乐天堂。甚至当乐曲已经停了，自己还在呆呆地等着，回味那缭绕的余音，享受其编织的幻象，在这种超然、超脱的陶醉之中不能自拔，真有"此曲只应天上有，人间能得几回闻"（杜甫《赠花卿》）的同感。

（二）

　　小提琴在西方弦乐中乃位于第一的乐器，因与中提琴、大提琴、低音提琴（大木贝司）相比而又有高音提琴之称。现在流行的小提琴式样产生于近代欧洲，最早的小提琴可能是意大利北部布里细亚一位名为达萨洛（1542—1609）的工匠制作的，16 至 18 世纪的意大利进入制作小提琴的鼎盛时期，出现了马吉尼、阿马蒂、斯特拉迪瓦里和瓜尔内里四大名匠。马吉尼是达萨洛最得意的学生，不仅制琴精致，而且琴的音量也很大。布里细亚附近的克雷莫纳在 16 世纪中期出现的阿马蒂家族，被视为提琴行业的祖师爷，确定了现代小提琴的雏形。而斯特拉迪瓦里和瓜尔内里最初就是在阿马蒂家族中学习制琴的，但他们青出于蓝而胜于蓝，斯特拉迪瓦里后被誉为"提琴界的达·芬奇"；瓜尔内里制琴技术娴熟，手法豪放夸张，故对之亦有"唯一用斧头修琴的鬼才"之论。现在制琴业流行的"斯瓜"之说即源于这一时期。同时期其他制琴名师还包括卡洛·贝尔贡齐（1683—1747）等人。因此，可以说意大利是小提琴的诞生地。而郑荃先生在意大利学习制作小提琴，也可以说是得到了这一行业的嫡传。不过，在 17、18 世纪，德国、英国、法国等地的小提琴制作也出现了突飞猛进的发展，有着后来居上的变迁。德语地区的制琴大师斯坦纳（1617—1683）也制作了可与斯氏琴、瓜氏琴媲美的名琴，巴赫和莫扎特等人都用过斯坦纳小提琴，斯坦纳因此有"阿尔卑斯的隐士"之誉，其琴音色也被赞为"天使的叹息"。德国著名的制琴家族还有克罗兹、瓦代哈姆、法仁奇纳、罗斯、哈伏和施普伦格等。

　　所谓"斯瓜"即指斯特拉迪瓦里和瓜奈里制作的小提琴，后人模仿其特点所制作的小提琴则有斯氏琴、瓜氏琴之称。斯特拉迪瓦里（1644—1737）早年制作过竖琴、琉特、曼陀林、吉他等乐器，据传他一生制作了1100多件乐器，但自1666年以后开始以制作小提琴为主，据传共制作了约600把。他制作的小提琴音质醇畅有力，穿透力强，优美悦耳，深受小提琴家喜欢。帕格尼尼（1782—1840）至少使用过7把斯特拉迪瓦里制作的小提琴。而瓜尔内里（1698—1744）则有"耶稣"之别名，因他用J.H.S.（救主耶稣基督）作为其琴的标记，故有"耶稣瓜尔内里"的称号。他制作的琴多为琥珀色上罩有一层半透明的红油漆，其光泽效果被比作"夕阳反映在海面波纹上的光辉"。他一生大概制作了上百把小提琴，据说传世的有约150把，但能够确认的颇少，仅47把，因而比斯特拉迪瓦里制作的琴更为珍贵。瓜奈里所留名的琴包括有"加农炮"之称的小提琴，这是一件1742年制作的"大炮"号小提琴，享誉欧洲，曾被帕格尼尼收藏，帕格尼尼用此琴演奏过《无穷动》等乐曲。1958年以后保管此琴的专门机构允许获得帕格尼尼小提琴大赛金奖者在演奏会使用。吕思清在1987年获得帕格尼尼小提琴大赛金奖后也曾在音乐会上使用过此琴。黄滨于1994年获得帕格尼尼小提琴大赛第一名和帕格尼尼作品最佳演奏奖后，于1995年还用此琴演奏过贝多芬小提琴协奏曲，并留下了实况录音。瓜奈里制作的小提琴有琴板厚重，音色浑厚有力、洪亮浓重等特点，演奏者需要用很大的力气才能驾驭，故有人认为这种琴比较适用于男演奏家使用，但仅相对而言。瓜奈里1744年制作的最后一把小提琴被称为"奥勒·布尔琴",因曾被挪威小提琴家奥勒·布尔所收藏并使用而有此称,现保存在我国台湾奇美博物馆,已不轻易向公众展示。2010年10月,北京曾举办过世界名琴展,引起过一阵轰动。我也曾参观过一些名琴展,当然也就是饱饱眼福而已,但也勾起我对各种名琴的好奇心。我记得曾在澳门圣若瑟大学老校区即原来的老修院校区一个展柜中也见过那儿收藏的两把名琴,据说这两把名琴还是一位神秘藏家为了换走这里一把更有价值的名琴而留下来的。当时只当是听故事,没有特别留意,所以也就不知道是什么牌子的名琴了,如今几经打听未果,只能留下遗憾了。

由于名琴珍贵,音质优美,许多著名小提琴家都喜欢用名琴演奏,甚至收藏各种名琴。例如,仅就我听说过的而论,蔡珂宜用过1625年制作的阿马蒂琴;刘云志用过1635—1640年间制作的阿马蒂琴;梁乔信用过1691年制作的斯氏琴(奥厄,Auer曾用过)和1741年制作的瓜氏琴;安梅耶用过1697年制作的斯氏琴(Molitor)、1741年制作的瓜氏琴(维奥当)和1790年制作的斯氏琴;木岛真优用过1700年制作的斯氏琴(前佩特里);穆特用过1703年制作的斯氏琴(Emiliani,曾为意大利小提琴家Cesare Emiliani所拥有,故名)和1710年制作的斯氏琴(Lord Dunn Raven,曾为爱尔兰政治家Dunn Raven所拥有,故名);陈曦用过1708年制作的斯氏琴(红宝石);列宾用过1708年、1720年制作的斯氏琴(萨拉萨蒂、维尼亚夫斯基);巴蒂雅施维莉用过1709年制作的斯氏琴;梅纽因用过1714年制作的斯氏琴(Soil)和1742年制作的瓜氏琴(威尔顿勋爵），他是名琴收藏家，其 1714 年制作的斯氏琴（Soil）后被帕尔曼所用，而且帕尔曼还用过 1714 年制作的瓜氏琴；陈锐用过 1714 年制作的斯氏琴（Dolphin），据传此琴于 1950 年至 1965 年间曾被海斐茨在演奏时用过；哈格纳用过 1717 年制作的斯氏琴；薛伟用过 1722 年制作的斯氏琴，传说他曾卖掉两栋房子来筹款将其买下（据 2004 年 11 月 23 日新华网、新浪首页、京华时报等报道），后于 2017 年购买了曾属于格鲁米欧的 1739 年所制瓜氏琴，随后于同年 9 月 30 日在广州星海音乐厅举办了专门用此琴演奏的专场音乐会"王者归来"；喻恒、王晓明、陈怡等用过 1727 年制作的斯氏琴（杜庞将军·格鲁米奥，2014 年被喻恒收藏）；于翔用过 1729 年制作的斯氏琴（兰伯特·所罗里），高苏玄用过 1735 年制作的 A. F. Mayer 琴（曾为莫扎特所用）；陆威、刘霄和党华莉用过 1733 年制作的贝尔贡齐琴；廖昊月用过 1734 年制作的瓜氏琴（多利亚王子古琴）；吕思清用过 1742 年制作的瓜氏琴（曾为维尼亚夫斯基所用）；杨天娲用过 1752 年制作的 Nicolo Gagliano 琴；王敬用过 1760 年制作的瓜达尼尼琴；尹昭泳用过 1773 年制作的瓜达尼尼琴（ex-Bückeburg）；李传韵用过 1784 年制作的瓜达尼尼琴；盛中国用过 18 世纪制作的那瓦扎琴，他也是著名的小提琴收藏家；谭允静用过 1826 年制作的 J. F. Pressenda 琴，哈恩用过 1864 年制作的维奥姆琴；等等。其中也有不少名琴已经成为相关小提琴家的专用琴。

在小提琴问世后，意大利作曲家加布列利（1520—1586）专门创作了小提琴奏鸣曲。此后意大利歌剧家威尔第（1567—1643）在歌剧《奥菲欧》中为小提琴震音和拨弦奏法谱曲，马里尼（1597—

1665）写过小提琴《第五首叠句曲》等。但最早比较系统地用小提琴作曲及演奏的是意大利神父维瓦尔第（1675—1741），他是巴洛克时期意大利最著名的作曲家和小提琴家，一生创作了 500 多首协奏曲，其中 240 余首为小提琴协奏曲，尤其适合小提琴独奏。此外他还创作了 39 部歌剧、23 部清唱剧、73 首奏鸣曲、23 首管弦乐曲、75 首独奏曲等。其中最有名、流传最广的即小提琴协奏曲《四季》，这也是我特别喜欢的小提琴曲目之一。此后，巴赫（1685—1750）、莫扎特（1756—1791）等人也创作出许多优美的小提琴曲目，这些曲目现在仍然广为流传。而帕格尼尼的创作则使小提琴的演奏在技巧上达到了高潮，几乎到达了难以超越的巅峰，实现了"技""艺"的有机结合，故也使他获得了"炫技"之誉。他们的小提琴曲都是我极为喜欢专心倾听、反复欣赏的。

维瓦尔第被称为"红发神甫"，我最喜欢他约于 1725 年创作的《四季》，基本上是百听不厌，而且每次听到这一曲目都有想撰写人生感悟的冲动。《四季》是其作品 OP.8 的头四首，为《和声与创意的尝试》协奏曲的代表，而其第五首《海上风暴》、第六首《愉悦》等意境独特，令人遐想。《四季》为典型的标题音乐。其中 E 大调《春》带给人春风吹拂的愉悦感，让人仿佛享受着自然的静谧和悠然，感受到生命的希望和未来的悠长；虽有惊雷闪电，却象征着青春的活力及动感。g 小调《夏》则带来世界无常之感，自然界的喜怒变化出乎意料，让人难以驾驭，心情亦随着音乐的突变而跌宕起伏。F 大调《秋》有着春华秋实的丰满，金色让人憧憬，美酒使人迷醉，人们享受着生活，一时忘掉烦恼。f 小调《冬》则预示着季节变换接近尾声，四季会反复，而人生却难说有轮回；自然的冬天预示着春来的希望，而人生的冬天则意味着生命的终结；此处快节奏的音乐带来的是身体在发抖、牙齿在打战，让人心惊胆战，感悟到命运的严酷。记得有一次在伦敦观看《四季》曲目的演奏时，我的硕导在听到乐曲《冬》这部分时眼中已经闪烁着泪花，估计在感慨自己的人生，心情也起伏不平。因此，脆弱、生命有限的人类真会相信有来世和天堂吗？虽然我们会坦然对待人生的冬天，承认生命一去不返，却也很难体悟到维瓦尔第自己所标示的"这样的冬天带来欢乐"，可以"欢迎美得令人心醉的春天复返"，有的只是沉重、回味和追忆。从春之欢悦到冬之消沉，人们可以看透并超越，却谈不上喜悦和欢乐；对之会有平静与冷静，而"愉快的冬天"或许则为另一种境界了。这种冬去春归标志着生命的复活、永恒的轮回，对人生而言则为一种信仰，而并非真实。我对《四季》的喜欢，正是在于它给我带来了另样的感触和思绪，这虽然不是信仰的乐观，却有着哲思的深邃。

巴赫是伟大的音乐家，是西方巴洛克音乐鼎盛时期的代表。我与巴赫是同一天生日，共享白羊座的人生，故而对他有着一种特别的亲切感觉。巴赫音乐上的成长在一定程度上受到帕赫贝尔（1653—1706）的影响，他与巴赫一家很熟，并指导过巴赫哥哥的音乐学习，而在巴赫父亲去世后，巴赫哥哥则成为巴赫学习音乐的直接老师。帕赫贝尔谱写的《D大调卡农》非常抒情，很动听，有着缠绵感人之效。巴赫后来成为巴洛克音乐集大成者，影响了一个时代。我非常喜欢巴赫创作的《马太受难曲》（第一、第二部）（BWV1—78）、《约翰受难曲》（BWV245）、《弥撒曲》5首（BWV232—236），以及《圣母颂歌》（BWV243）等曲目，在德国留学时曾在其专场音乐会享受到这些美妙的乐曲。他还创作了《路加受难曲》（BWV246）和《马可受难曲》（BWV247）等，但有些曲目仅留下片段。贝多芬（1770—1827）曾说"巴赫的音乐不是小溪，而是大海"，沉浸在巴赫音乐中则会体悟到大海的辽阔及波涛起伏。而肖邦则宣称"巴赫的作品既是圣经又是哲学"，这些乐曲既神圣又睿智，可让人升华和沉潜。喜欢音乐的爱因斯坦和昆德拉更是从巴赫的音乐中体悟出数学的美感。因此，巴赫在西方音乐家排序中通常都是排在第一位的，被誉为"西方近代音乐之父"。巴赫创作的小提琴曲包括《无伴奏小提琴奏鸣曲与组曲》6首（BWV1001—1006）、《小提琴奏鸣曲》6首（BWV1014—1019）、《小提琴与通奏低音奏鸣曲》（BWV1023）、《a小调第一小提琴协奏曲》（BWV1041）、《E大调第二小提琴协奏曲》（BWV1042）、《d小调双小提琴协奏曲》（BWV1043）、《c小调小提琴与双簧管协奏曲》（BWV1060）、《G弦上的咏叹调》（属BWV1068）等，其无伴奏小提琴奏鸣曲与组曲代表着他在小提琴音乐上的巅峰，故被尊为小提琴演奏的"旧约圣经"。巴赫的小提琴曲规范、华丽、节奏感强，其中多是小提琴学习者的必练曲目。但因其作品处于西方近代音乐之端而尚未给人奇峰迭起的感觉，虽特点突出却变化不大，故容易让人觉得是从宗教圣乐往社会民乐的过渡，从清高之风转向稳重之态，并似乎有着某种贵族音乐的气质。当然，这只是我的管窥之见和外行之议，随我自己的感觉走了而已。

莫扎特的音乐充满神童的才气和天才的气质，其中著名的小提琴曲包括《降 B 大调第一小提琴协奏曲》《D 大调第二小提琴协奏曲》《G 大调第三小提琴协奏曲》《D 大调第四小提琴协奏曲》和《A 大调第五小提琴协奏曲》5 部小提琴协奏曲（这 5 部乐曲被称为"萨尔茨堡协奏曲"），以及《C 大调小提琴奏鸣曲》《D 大调小提琴奏鸣曲》《降 B 大调小提琴奏鸣曲》《G 大调小提琴奏鸣曲》和《G 大调小夜曲》5 部小提琴奏鸣曲。此外，莫扎特的小提琴小步舞曲也很著名，并且还是小提琴学习者的基础课程。其气势古典优雅、流畅明快；其旋律则优美动听、华丽炫彩。有一次，我在东城区少年宫观看一群学龄前儿童集体表演莫扎特的小提琴小步舞曲，印象尤其深刻的是其中一个大头男孩的演奏，他不仅跟着音乐节奏夸张地摆动着那引人注目的大头，而且还随着挥舞的琴弓晃动着整个身体，其"萌萌哒"之态吸引了大家的关注和热情点赞。我比较喜欢莫扎特的音乐作品，尤其是他的小提琴曲悦耳、舒畅，有着浪漫和童趣，给人超凡脱俗之感。好像从莫扎特开始，小提琴独奏形成时风，并得以传承和发扬。莫扎特一生命运多舛，英年早逝，但他的音乐却如天籁之声，会把人带入一个与现实迥异的艳丽世界。

贝多芬的音乐作品气势宏伟，给人一种英雄的悲壮和伟人的大气之感，这在他的交响曲上得到了充分体现。在小提琴曲目上，贝多芬创作了《D 大调小提琴协奏曲》《D 大调第一小提琴奏鸣曲》《A 大调第二小提琴奏鸣曲》、《降 E 大调第三小提琴奏鸣曲》、《a 小调第四小提琴奏鸣曲》、《F 大调第五小提琴奏鸣曲》（《春天奏鸣曲》）、《A 大调第六小提琴奏鸣曲》、《c 小调第七小提琴奏鸣曲》、《G 大调第八小提琴奏鸣曲》、《A大调第九小提琴奏鸣曲》(《克鲁采》)、《G大调第十小提琴奏鸣曲》和《G大调小提琴小步舞曲》，以及《G大调第一小提琴浪漫曲》和《F大调第二小提琴浪漫曲》等。这些作品多为贝多芬音乐创作的早期、中期之作，不像他的交响曲达到了他音乐的顶峰。我比较喜欢《春天奏鸣曲》表达的春气盎然、生机勃发，也敬佩其《克鲁采》音乐意识的强劲有力、悠远深长。但我从贝多芬音乐之恢宏中感受更强烈的是其英雄主义而不是浪漫主义，是一种使命担当、坚强刚毅，而非超脱无我、潇洒自在。

帕格尼尼是在小提琴技艺发展史上的关键人物，他跨越了音乐史上的古典与浪漫时代。爱因斯坦童年时酷爱小提琴，就曾想当一位如帕格尼尼这样的小提琴演奏家。帕格尼尼以其华丽、精湛、快捷、娴熟的音乐风格给小提琴演奏技术带来了众多创新和提升，尤其是以《二十四首随想曲》等所表现的高超技巧和高难驾驭而被视为“小提琴之神”“音乐之王”和“操琴弓的魔术师”。帕格尼尼的小提琴演奏水平，迄今仍很难被超越，他创造的小提琴演奏技法及风格使他获得了“炫技派”之称。在他创作的约50首小提琴曲中，较有影响的还包括《降E大调第一小提琴协奏曲》(亦称《D大调第一小提琴协奏曲》)、《b小调第二小提琴协奏曲》(经典乐章《钟》)、《E大调第三小提琴协奏曲》、《d小调第四小提琴协奏曲》、《摩西主题变奏曲》《小提琴与吉他奏鸣曲》《上帝保佑国王主题变奏曲》《柔美如歌》、《女巫之舞》、《威尼斯狂欢节》、《军队奏鸣曲》、《拿破仑奏鸣曲》、《爱的场面》、《魔女》和《无穷动》等。除了《二十四首随想曲》，帕格尼尼给人印象最为深刻的曲目是《无穷动》。这是小提琴学习者达到一定高度时必须要学会的曲目，我曾听过不少名师演奏这一曲目，颇感这是最难的小提琴曲，有着"地狱级难度"，被称为"虐手神曲"，对每个演奏者都是极大的挑战，也是小提琴家演奏技术的试金石。帕格尼尼的小提琴演奏以"炫技"出名，但他不只是限于这种快速跳动的手法之机械技巧，而是也有着抒情和表意，如其《柔美如歌》就给人以梦幻之美。德国诗人海涅（1797—1856）听了帕格尼尼的小提琴演奏后，专门写了赞美他的短篇小说《佛罗伦萨之夜》，激动地描述"在这琴声里，蕴含着一种无以名之的神圣激情，时而神秘地颤动着如柔波细语，叫人几乎听不见一些儿声息；时而又如日夜的林中号角，甜美得撩人心弦；最后，却终于变成了纵情欢呼，恰似有一千个行吟诗人同时拨动琴弦，高唱着昂扬的凯歌"。总之，帕格尼尼的小提琴曲给我带来的是激动、震撼和不可思议，我很喜欢不同的小提琴演奏家各具特色的演绎。

世界上比较著名的小提琴协奏曲还有门德尔松的《e小调小提琴协奏曲》、勃拉姆斯的《D大调小提琴协奏曲》、柴可夫斯基的《D大调小提琴协奏曲》和《忧郁小夜曲》、西贝柳斯的《d小调小提琴协奏曲》、布鲁赫的《g小调第一小提琴协奏曲》、肖斯塔科维奇的《第一小提琴协奏曲》，以及圣－桑的《b小调第三小提琴协奏曲》等。这些曲目对我而言乃音乐欣赏上的精神大餐。我本人特别喜爱的则是小提琴独奏表演，尤其喜欢的曲目有圣－桑的《引子与回旋随想曲》和《天鹅》，维尔海姆的《圣母颂》，马思涅的《沉思》，旦尼库的《云雀》，舒伯特的《小夜曲》，德里戈的《小夜曲》《爱之夜曲》，托塞里的《小夜曲》《叹息小夜曲》，古诺的《小夜曲》（《静夜

小夜曲》，为雨果的诗歌而谱曲），肖邦的《升 c 小调夜曲》，肖斯塔
科维奇为电影《牛虻》创作的《浪漫曲》，塔尔蒂尼的《魔鬼的颤
音奏鸣曲》，弗朗克的《A 大调奏鸣曲》，萨拉萨蒂的《流浪者之歌》
（《吉普赛之歌》），胡拜的《匈牙利狂欢节》，蒙蒂的《查尔达什舞
曲》，克莱斯勒的《爱的喜悦》，埃尔加的《爱的致意》，德尔德拉的
《纪念曲》，布鲁赫的《苏格兰幻想曲》，福雷的《梦后》，威廉姆斯
的《辛德勒的名单》，里姆斯基－科萨科夫的《舍赫拉查德》（《天方
夜谭》），德沃夏克《a 小调小提琴协奏曲》《幽默曲》和《第九交响
曲》之"第二乐章"的改编版《念故乡》，以及伊博森的《安魂曲》
等。而中国的小提琴名曲《梁祝》《牧歌》《思乡曲》《渔舟唱晚》
《丰收渔歌》《海滨音诗》《金色的炉台》《新疆之春》《苗岭的早晨》
《洪湖赤卫队随想曲》《夏夜》《阳光照耀着塔什库尔干》《良宵》和
《月光》等，也是我非常喜爱的。作为一个音乐外行，我听小提琴曲
乃率性而为、随心所欲，并不懂其内涵，只要好听就行，主要在于
弥补心理需求、满足情感渴望。例如，在我内心痛苦、精神低沉的
时候，我觉得《辛德勒的名单》《安魂曲》《遗忘》和《思乡曲》等
会给我带来心灵慰藉和精神解脱；当我感到超然、潇洒、轻松之际，
我会听《云雀》《天鹅》《小夜曲》《渔舟唱晚》《牧歌》和《海滨音
诗》；而当自己感到有某种庄严、神圣意蕴时，我就选择听听《圣
母颂》、《上帝与我们同在》（《以马内利》，习译《艾曼纽》）、《沉思》、
《弦乐的柔板》、《流浪者之歌》和《金色的炉台》等；如果我需要思
索或有所感触时，我特别爱听《梁祝》凄美、悲壮的旋律，而最近
黄滨演奏的《红楼梦》同样让人感受到深深的伤感、悲愁和无奈；

在《爱的致意》《良宵》《月光》等曲目中也能获得纯洁、净化之感；此外，我一旦处于高兴和欢快的氛围之中，则特别愿意享受快节奏的《无穷动》《匈牙利狂欢节》《查尔达什舞曲》和《新疆之春》等带来的刺激和兴奋，也随着乐曲在精神上狂野一把，体会酣畅淋漓的感觉。而当代涌现的一些具有抒情特色且旋律悠长的小提琴轻音乐曲目，如《寂色》（《巴卡贝尔的忧伤》）、《初雪》、《雨夜花》、《下雨的时候》、《秋恋》、《秋来秋去》、《秋水伊人》、《离开你的那一天》、《花又落》、《彩云追月》、《鸿雁》、《送别》、《天边》、《花儿为什么这样红》、《春日》、《风与海》、《九儿幻想曲》、《贝加尔湖的清晨》和《渔家姑娘在海边》等，也是我会反复去查找、欣赏的。此外，许多脍炙人口的歌曲等编曲亦可以用小提琴演奏，尤其是独奏的方式来表达，如旅美小提琴家陈蓉晖就擅长演奏具有中国民族音乐风格的相关曲目。这类乐曲虽然听起来很轻松，却扣人心弦，会有种把人的整个心灵都洗透、净化了的感觉。在众多中国小提琴曲目中，我听得最多的就是《梁祝》。1982 年我在《环球》杂志第 10 期发表《圣经是怎样一部书》一文时，曾在这期杂志上读到介绍何占豪、陈纲创作《梁祝》小提琴协奏曲的文章，深感敬佩，也加深了对《梁祝》的理解。在众多小提琴家演奏的《梁祝》中，我最喜欢俞丽拿、刘云志和文薇等艺术家的理解及表达，他们的演奏各有特色，扣人心弦，意蕴独特。

世界音乐史上著名的小提琴家包括科雷利（1653—1713）、塔尔蒂尼（1692—1770）、列克莱尔（1697—1764）、加维尼埃（1728—1800）、汉多什金（1747—1804）、维奥蒂（1753—1824）、克莱策

（1766—1831）、罗德（1774—1830）、帕格尼尼（1782—1840）、马扎斯（1782—1849）、斯波尔（1784—1859）、利沃夫（1798—1870）、贝里奥（1802—1870）、达维德（1810—1873）、维厄唐（1820—1881）、约阿希姆（1831—1907）、劳乌勃（1832—1875）、维尼亚夫斯基（1835—1880）、萨拉萨蒂（1844—1908）、奥厄（1845—1930）、伊萨耶（1858—1931）、克莱斯勒（1875—1962）、蒂博（1880—1953）、埃奈斯库（1881—1955）、艾尔曼（1891—1967）、波利亚金（1895—1941）、海斐茨（1901—1987）、米尔斯坦（1903—1992）、奥伊斯特拉赫（1908—1974）、马思聪（1912—1987）、梅纽因（1916—1999）、舒姆斯基（1917—2000）、谢林（1918—1988）、里奇（1918—2012）、斯特恩（1920—2001）、格鲁米欧（1921—1986）、吉特里斯（1922—2020）、柯岗（1924—1982）、瓦伊曼（1926—1977）、威克斯（1928—2020）、阿尤（1933—   ）、俞丽拿（1940—   ）、盛中国（1941—2018）、阿卡尔多（1941—   ）、西崎崇子（1944—   ）、帕尔曼（1945—   ）、潘寅林（1947—   ）、祖克曼（1948—   ）、郑京和（1948—   ）、安德烈·里欧（1949—   ）等人。其中只有20世纪以来的演奏家通过其留下的视频才使我得以一睹风采，但他们的精彩演奏及高超技艺已让我惊叹不已。而在年轻一代小提琴演奏家中，穆特（1963—   ）、薛伟（1963—   ）、刘云志（1964—   ）、钱舟（1968—   ）、林朝阳（1968—   ）、吕思清（1969—   ）、黄滨（1971—   ）、列宾（1971—   ）等人的演奏也让我深感震撼，难以忘怀。此外，我通过音乐会、音乐电视节目、视频等方式还曾看到过如下一些青年演奏家

的演奏，他们给我带来异彩纷呈之感，包括中国的陈响（1970—　）、谢楠（1972—　）、白亮（1976—　）、吴丹（1976—　）、李喆（1978—　）、黄蒙拉（1980—　）、李传韵（1980—　）、陆威（1981—　）、宁峰（1981—　）、文薇（1981—　）、高参（1981—　）、刘霄（1982—　）、金艺花（1983—　）、陈曦（1984—　）、于俏（1985—　）、何畅（1987—　）、于翔（1988—　）、谷丽莎（1990—　）、谢昊明（1990—　）、黎雨荷（1991—　）、张润崏（1993—　）、柳鸣（1995—　）、党华莉（1995—　）、谭允静（2005—　）、谢尚礼（2013—　）等，澳大利亚华裔小提琴家陈锐（1989—　）和李映衡（2007—　），美国的贝尔（1967—　）、安梅耶（1970—　）、黄欣（1978—　）、哈恩（1979—　）、莎拉·张（1980—　）、米卡雷利（1983—　）、斯黛拉·陈（Stella Chen，1992—　）、朱凯源（Kevin Zhu，2000—　），德国的特兹拉夫（1966—　）、福斯特（1972—　）、魏德曼（1976—　）、哈格纳（1977—　）、葛瑞特（1980—　）、费舍尔（1983—　）、康珠美（1987—　）、朱熙萌（2001—　），英国的席姆（1986—　）、本内德蒂（1987—　），荷兰的杨森（1978—　），意大利的哈德里希（1984—　）、朱塞佩·吉博尼（2001—　），法国的卡普松（1976—　）、阿布拉米（1996—　），西班牙的杜埃纳斯（Maria Dueñas，亦译杜尼亚斯，2002—　），瑞士的施图德（1997—　），希腊的卡瓦科斯（1967—　），匈牙利的拉卡托斯（1965—　），以色列的沙汉姆（1971—　），俄罗斯的敏茨（1957—　）、文格洛夫（1974—　）、特鲁索夫（1982—　）、巴耶娃（1985—　），加

拿大的王敬（1980—　）、梁乔信（1997—　），格鲁吉亚的巴蒂雅
施维莉（1979—　），日本的竹泽恭子（1966—　）、诹访内晶子
（1972—　）、庄司纱矢香（1983—　）、木岛真优（1987—　）、岛村
绚沙（1991—　）、高木凛凛子（1996—　）、村田夏帆（2007—　）、
吉村妃鞠（2011—　），韩国的尹昭泳（1984—　）、韩秀珍
（1986—　）、申娴淑（1987—　）、金本索里（1989—　）、宋智
媛（1992—　）、梁仁模（1995—　）、林智英（1995—　）、李守彬
（2000—　）、高苏玄（2006—　），新加坡的蔡珂宜（2007—　）等
人。当然，当代小提琴演奏家如群星般灿烂，我仅仅看到了其中一
部分而已，今后如有机会还需要领略更多艺术新秀的风采。这些艺
术家的演奏各有特色，在技巧及情感把握上亦日趋成熟，已成为新
时代小提琴界的出类拔萃之辈，乃前途无量的后起之秀。他们演奏
的琴声，高音如百灵鸟般欢歌跳跃，低音似密林溪水之淙淙流淌；
快节奏就像骏马奔腾的疾驰，而慢节奏有着浮云飘游的悠缓。这是
自然的和声，乃生活的颤音，给一个看不见的世界涂上了绚丽的色
彩。这些演奏家的演出既表现出童趣的一面，也展示了其成熟的一
面。虽然我不懂各个小提琴曲目的内涵及真谛，但清脆悦耳的琴声
会拨动我的心弦，引起我的感悟和体会，让我的思绪飞扬，沉浸于
浮想联翩之中而获得独特的精神享受。在我的一生中，小提琴声帮
我熬过了最难受的时刻，也助兴于我最欢乐的时光。因此，无论我
是否能真正听懂，琴声能够打动我就已经足矣。

　　古今小提琴演奏家们有着不同的演奏风格，在历史上曾形成了
意大利学派、德国学派、法比学派和俄罗斯学派四大流派，在现代

音乐界得到各种方式的继承和传扬。其中意大利学派以科雷利、维瓦尔第、塔尔蒂尼、帕格尼尼等人为主要代表，德国学派以巴赫、L.莫扎特（W.A.莫扎特之父）、施波尔、达维德、约阿西姆等人为主要代表，法比学派以维奥蒂、巴约、罗德、克鲁采、维尼亚夫斯基、萨拉萨蒂、克莱斯勒等人为主要代表，而俄罗斯学派则以奥尔、海斐茨、斯托利亚尔斯基、扬波利斯基（其学生扬凯列维奇是中国著名小提琴教育家林耀基的老师）、莫斯特拉斯、斯托利亚尔斯基、奥伊斯特林赫、加拉米安、波利斯基等人为主要代表。中国小提琴演奏家早期曾受俄罗斯学派的影响较大，但自中国改革开放以来，年轻的小提琴手前往英、德、法、意、美等国留学，演奏风格已呈百花齐放之态，让人有美不胜收之感。而且，小提琴这种高雅音乐已不仅仅局限于小范围的音乐殿堂，正在走向大众，走向民间，达到音乐普及的效果。各种以小提琴为主的小乐队如雨后春笋般地涌现，给民众带来欢快、活泼的享受和人文修养及精神境界的提高。我也非常喜欢这种小乐队的表演，觉得其与大型交响乐的演出形成对比，且相得益彰。而在观看这些演出时，最吸引我的仍然是小提琴那天籁之音、非凡旋律。它让我深陷其中，有着不愿清醒的迷醉之感。

贝多芬曾说，"音乐是比一切智慧、一切哲学更高的启示"。有人认为音乐抽象，只是形容，而不专指或特指。其实，音乐是主体的，作曲、演奏和听曲都是主体之行为，在于各自的体悟、领略和理解。我曾观看一个指挥家以各种不同的风格来指挥演奏同一乐曲，给人的感觉全然不同。而不同演奏家演奏同一曲目也会给听者带来不一样的感受。因为，这三者对音乐有不同的主体理解、感受和表达。诚然，在音乐理解上不必奢求其表达的同一或统一，却仍可感悟其各自存在的意义。虽然大家不必求同，彼此却能对话和交流。或许，音乐本身是抽象的，但在不同个体那里却会"道成肉身"。音乐在语言不能尽兴表达时就登场了，尤其对抽象音乐而言，语言之终即音乐之始。然而音乐仍是情感的语言，其旋律的流淌、声音的倾诉在人的精神世界中与语言有着异曲同工之效，在情感层面甚至远超语言之效。这里有与主体的关联和互动，音乐使人由无我到有我，进而又从恋我到超我。音乐带来的快乐感、愉悦感、欣慰感、超脱感、飘逸感、潇洒感、浪漫感、郁闷感、压抑感、沉重感，以及痛苦感等，有时是能够与主体自我的具体感悟相衔接的，让人有"心有灵犀一点通"之感。故而不能说主体对音乐感的物化及联觉乃完全对音乐的误觉错感，或理解上的错位越位。主体对音乐势必有其解读和创见，哪怕脱离作曲者的原意也自有道理、情有可原。这也是音乐的诠释、解读和演绎。故而音乐也完全可以对应主体的具体诉求，个体对号入座，各得所需。尽管因个体差异，主体对音乐的解读可能也有见仁见智之别，但共鸣共识也不罕见，这恰乃音乐之效及其绝妙之处。

　　同样，小提琴之声虽无具体的语言表达，却可让听众感悟一切，我就彻底被其潇洒自在、优雅动情的天籁之音所征服。我深深体会到，音乐，尤其是纯以声音抽象表达的音乐乃是人之情绪、心态的尽情宣泄，有着鲜明的主体性，是个人心灵的倾吐、衷肠的诉说、精神的需求，可以驱散一切寂寞、忧伤，带来巨大抚慰、愉悦。爱乐是心灵的共鸣，为情感的联动。在自己专业背景的理解及体悟中，这种音乐之声乃抽象音诗、浪漫哲学、个人私密，是对自然、人生另外一种更为超脱、更加超越、更显纯洁、更加奇妙的解读。当然，只有掌握了相当高的演奏技巧，具有出众的人文修养，且有适当的曲谱，艺术家才能以乐器来对之加以尽情的表达和彻底的宣泄。因此，在享受优美音乐时也能深深体会到艺术家的艰辛付出，感谢他们淋漓尽致的表达和天才般的发挥。不知什么原因，在众多乐器中，我这个音乐门外汉却对小提琴的声音情有独钟，且在其乐曲中无法自拔、彻底沦陷。音乐的颤音使我的心灵颤抖，让我激动。小提琴婉转深情的旋律、悦耳动听的琴声已不可取代，总会把我带入另一个精神世界，让我获得另一种人生体悟和思想境界。

二、砚爱

我来自山区，对石头特别敏感。虽然自己是一颗小小的顽石，却也幻想成为奇石。但这种对石头的爱好却出现了移情别恋，转而对砚台特别喜好。砚台意味着小小的石头不再被埋没于泥土之中，也不会沉于水深之处无人知晓，而使石头的光彩得以尽情展现，其奇妙获得充分亮相。由此，遂形成了我的"砚爱"。

中国独有的笔墨纸砚乃中国文人所喜好的"文房四宝"，其中突出者为湖笔（产于浙江湖州）、徽墨（产于安徽歙县）、宣纸（产于安徽宣城）和端砚（产于广东肇庆）。我也不能"脱俗"，故也想附庸风雅，学着做一个"文人"。早在十多年前，我就开始准备这"四宝"，打算退休后好好练练字、学学画画。在中国的文化传统中，文人的雅趣就体现在琴棋书画诗酒茶，喜欢梅兰竹菊松莲桂，以此表达知识分子傲、幽、坚、淡、逸之骨气。虽然上述"雅趣"在当今知识分子中并没有得到普遍传承，但这种精神传统仍被肯定和称颂。我因资质及能力有限，不敢奢望能够培养起这些素质，只是仍然对书法比较向往，而一直想学却没有时间。于是，我对砚台情有独钟，将其作为艺术摆件来收藏，并寄托着学习书法的念想。这样，我不知不觉地与砚台结缘，将砚台视为我向往的奇石。

砚台是从人类初始社会的研磨器具发展演变而来的，在中国的独特文化环境中，"砚"字故而指"研"。"砚者，研也，可研墨使和濡也"（汉刘熙《释名》）。砚台本为古代用于书写、绘画的工具之一，其最初成型可以追溯到先秦，"自有书契，即有研砚。盖始于黄帝时也"（《古今事物考》）。自秦汉时期砚与笔墨相会，成为文人雅器。而至现代社会，由于电脑的普及，砚基本上成为人们把玩的一种雅物。砚台的材质包括石、玉、陶、木、砖瓦、金属等，故有石砚、玉砚、玉杂石砚、陶砚、瓷砚、木砚、竹砚、砖砚、瓦砚、银砚、铜砚、铁砚、锡砚、纸砚、墨砚、树脂砚、漆砂砚、石末砚、紫砂砚、紫澄砚、琉璃砚、玻璃砚、翡翠砚、玛瑙砚、青金石砚、孔雀石砚、水晶砚、木化石砚、贝壳化石砚、海百合茎化石砚、蚌砚、象牙砚、象骨砚、陨石砚等，后来甚至出现了橡胶砚、水泥砚等。但最著名、最普遍的仍然是石砚。中国有"四大名砚"之说，源于唐宋时期，一般认为即广东端州（今肇庆）的端砚、安徽歙州（今黄山市）的歙砚、甘肃临洮（卓尼亦为其产地）的洮河砚（洮砚），以及山东青州的红丝砚（后来，有人以山西绛州澄泥砚替代鲁砚中的古青州红丝砚）。柳公权在其《论砚》中评价说，"蓄砚以青州为第一，绛州次之，后始重端、歙、临洮"。但自唐代以来，端砚、歙砚、洮河砚及山西和河南的澄泥砚并称为中国四大名砚之说也很普遍，不过澄泥砚是由特种胶泥加工烧制而成，属于陶砚，故不同于其他用石头雕刻而成的砚台。此外，还有中国"十大名砚"之说，十大名砚除了端砚、歙砚、洮砚和澄泥砚，还包括易水石砚、菹却砚、鲁砚（包括红丝砚、淄石砚、徐公石砚、田横石砚、尼山石砚、金星石砚、浮莱山石砚、龟山石砚、燕子石砚、驼基石砚、温石砚、紫金石砚、薛南石砚、鼍矶石砚等）、贺兰砚、思州石砚（亦称蛮溪砚、中正砦石砚）、松花御砚等。我喜欢为之四处寻觅，从中感悟到石头的升华及超妙。

这种好奇心使我关注砚台的视野不断扩大，我发现地方特点鲜明的砚台也有不少，包括婺源砚（与歙砚接近）、潭柘紫石砚、黄山青石砚、汉白玉砚、金海湖石砚、蓟州叠层石砚、河北鱼子石砚、五台山砚、绛州角石砚、黄河木纹石砚、莫溪砚、辽砚（本溪桥头石砚）、太子河试金石砚、煤精石砚、长白石砚、太湖砚（亦称嶂村砚、藏书砚、苏州褐黄石砚、漱石砚）、虞山赭石砚、西砚（江山西砚）、青溪龙砚、越砚、开化石砚（衢砚）、华严石砚、台州石砚、奉化明石砚、梅园石砚、寿春石砚（八公山紫金砚）、宿州乐石砚、宜州砚、灵璧石砚、将乐龙池砚、建州石砚、莆田石砚、建溪黯淡石砚（南剑石砚）、仙石砚、寿山石砚、庐山金星砚、石城砚、玉山罗纹砚、修水贡砚、吉州石砚、淄砚、砣矶砚（金星雪浪砚、登石砚）、琅琊金星砚、琅琊紫金石砚、青州青石砚、临朐紫金石砚、崂山绿石砚、浮来山砚、莒南紫丝砚、颜鲁公石砚、冰纹石砚、鹤山石砚、砭石砚、红埠寺石砚、泰山石函砚、榴砚、梁山砚、玉皇石砚、木纹石砚、天坛砚（盘古砚）、方城黄石砚、虢州砚、蔡州白石砚、会圣宫砚、共砚、鲁山砚、神农砚、云锦砚、归州大沱石砚、湘砚、祁阳石砚、桃江砚（凤山石砚：湖南益阳桃江舞凤山石砚）、双峰溪砚（国藩溪砚）、谷山砚、沅州石砚、吉首水冲石砚、永顺石砚、浮丘寺齿石砚、龟纹石砚、醴砚、郴州黟砚、文田砚（梅山砚）、高甲溪石砚、杨柳石砚、恩平石砚、柳砚、灵山花石砚、白矾石砚、龙胜紫砚、平果石砚、构造石砚、火山岩砚、黄石砚、夔砚、琪砚、合川峡砚、北碚石砚、金音石砚、万州石砚、蒲砚、蒲江红砂石砚、白花石砚、黎渊石砚、宝兴贡砚、江油雾山石砚、龙潭紫砚、凉山西砚（嶲砚）、菜花石砚、广元白花石砚、中江花石砚、青川黎渊石砚、邛窑瓷砚、建昌西砚、珙砚、龙泉砚、泸石砚、龙尾砚（婺源龙尾山石）、松纹砚、罗纹砚（婺源罗纹山石）、峨眉虎溪砚、寿春砚、角浪砚、紫云砚、织金石砚、玉带石砚（紫袍玉带石砚）、龙溪石砚、大定石砚、凤羽砚、点苍石砚、石屏石砚、苗砚、富平墨玉砚、岐阳砚、栗亭砚、栗玉砚、嘉峪石砚、岷县石砚、青海石砚、新疆泥石砚、螺溪砚、屏东铁丸砚、仁布砚等（以上参见关键、张翔著《中华砚文化汇典·砚种卷·众砚争辉》，人民美术出版社，2021 年）。此外，我还找到过根据材质创作成的菊花石砚古化石砚（包括燕子石砚、三叶虫石砚等）、矿石砚等。在搜集找寻的过程中，我获得了美不胜收之感。

我之所以喜爱砚台，就在于其集书法、篆刻、绘画、雕塑、材质、诗文为一体的"六合之艺"，与历史及文学有独特的缘分。这种"集合""大成"非常奇妙、独特，会勾起观赏者的种种思绪及联想，体悟到观砚而"阅人于古今"之意。苏东坡喜好砚台，收砚、藏砚、题砚和赠砚是其终生之爱，少年时曾喜获天石砚，临终还想要紫金砚陪葬。他收藏的从星砚因砚背上 60 余根石柱端面石眼似夜空繁星而著名，现已成为后人制砚的模本之一。他在砚右侧壁上题有书铭，取意"月之从星，时则风雨。汪洋翰墨，将此是似，黑云浮空，漫不见天。风起云移，星月凛然"。基于此寓意，我也好奇地收藏了一方现代仿品来自我满足。在香山有一处刻石上的题字为"凤咮"，据说是清代乾隆皇帝留下的墨宝，专指产自闽江、形如嘴喙的凤咮砚。苏东坡曾在其《论文房四宝》中写有"凤咮砚铭"专篇，称此砚为"龙尾珍品"。齐白石也喜欢收藏砚台，他有一方用了四十多年而爱不释手的端砚，上面刻有"不得与人"之言："片真老坑石也，是吾子孙不得与人。乙酉八十五岁，齐白石记于京华铁栅屋。"但他最后还是将此砚送给了毛主席，现藏于韶山毛泽东同志纪念馆中。砚石材质的厚重本性、砚台制作的艺术创意，使人们对"砚"之寓意充满着无限想象、寄托和感触。著名戏曲艺术家程砚秋之名，就是取"砚磨炎凉，秋韵御霜"之意，这是他一生凄凉苦楚、煎熬磨炼的生动写照，也是用"砚"来表达其久经风霜、淡定孤傲的人格气质。

有一次我到广州开会，休息之际随友人去文庙市场参观，发现那儿有地方专卖端砚而动了念头，遂买了几方形状各异的砚台收藏，从此与端砚结缘。端砚位于四大名砚之首，为广东肇庆的特产，其历史可以追溯到唐代初期的端州（今肇庆），有"始出于唐武德之世"的说法。端砚因产地端州而得名，因出产砚石的砚坑分布于端溪一带，又称端溪砚。其采石之艰难，使端砚弥足珍贵。李贺曾有"端州石工巧如神，踏天磨刀割紫云"的感慨。从其历史延续来看，这些砚坑包括老坑（水岩）、麻子坑、坑仔岩、朝天岩、宣德岩、冚罗芭蕉岩、古塔岩、宋坑、宋公坑、盘古坑、陈坑、伍坑、竹篙岭坑、梅花坑、蒲田坑、蕉园坑、绿端岩、苏坑、御坑、锦云坑、黄坑、阿婆坑、文殊坑等。其中老坑、坑仔岩和麻子坑为三大名坑，习称"上三坑"。端砚按其岩石的颜色来分，有紫端砚、绿端砚和白端砚等，其中白端砚比较稀少。而端砚的特点则是发墨不损毫，呵气能研墨，天寒不冻墨，质刚却嫩柔，犹如婴儿皮肤；其标志性特征则是具有"石眼""鱼脑冻""猪肝冻""蕉叶白""青花""火捺""冰纹""冰纹冻""黄龙纹""金线""银线""金星点""云青""翡翠"等。赵朴初曾称赞说，"端砚能传百代名，今朝益信石工神。不虚万里风轮转，来赏青花看紫云"。不过，除了书法家之外，大多数人写字已经不再采用传统的用砚研墨的方式，因此砚台的功能在现代社会也在从书画工具往工艺作品转移，这就使制作端砚的工艺美术大师应运而生。据孤陋寡闻的我所知，先后获得端砚中国工艺美术大师或制砚大师之称的有黎铿、张庆明、梁佩阳、罗海、梁金凌、马志东、冯鉴棠、莫伟坤等人。他们创作的砚台作品目前主要是用于鉴赏，多为艺术品鉴，故鲜为研墨之用。砚台的艺术价值、精神意境遂得以凸显。

我搬到潘家园以后，这里的古玩城和古玩市场成为我散步的好去处，尤其是酷夏和严冬，在其中漫游还可享受到冬暖夏凉的舒适和惬意。而尤其重要的则是这种散步已升华为美学散步、美的历程，这里让人目不暇接、尽饱眼福。在这里的天雅古玩城中，我去得最多的就是一层东头的紫云天工端砚艺术馆。这个艺术馆是中国工艺美术大师、中国制砚艺术大师梁佩阳的作品展室，我在这里认识了梁先生和他的儿子，获得了许多关于端砚的知识。梁先生是梁氏砚雕世家传人，从小跟随父亲研制端砚，继往开来，多有创新。其端砚作品的特点是突出山水人物的经典表达，且融入古诗词意境，在双龙戏珠、儒佛道人物、水光山色、兰亭景观、文人雅集等创作上匠心独具，别具一格，因而有不少作品都获得过大奖。在他巧夺天工的创意下，一方石砚会别有洞天。我喜欢砚台已经不是为了研墨写字，所以更注重其艺术特色，而并不特别在意其砚石材质的质量及选择。我在这里也购得几方梁先生制作的砚台，自己的选择倾向就是欣赏其精神体悟在制砚上的体现，偏爱其人文气质等创意及艺术境界的表达。在这里我还看到了杨洁勉先生给日本前首相福田康夫赠送端砚的照片，以及福田康夫"端砚为桥，中日友好"的题词。后来我遇到杨先生，和他谈论此事，他告诉我此砚是他带一批外交家参观端砚艺术馆时从梁先生那儿购得的，后来作为礼品送给了福田康夫，故而成此佳话。日本人非常喜欢中国砚台，我在日本京都参观时就看到市场上有各种中国古砚。梁先生的儿子告诉我，他们从日本也回购了不少中国古砚，并带我欣赏了馆中收藏的精品。因此，紫云天工端砚艺术馆是我常去的"打卡地"，虽无力购买，却也能尽情观赏。

　　与歙砚的缘分则是我在黄山市歙县开会时与同事们逛夜市而偶然购得两方歙砚，从此开始关注歙砚。歙县被称为"中国歙砚之乡"，涌现出江云青、江亮根、汪鸿欣、汪春炎、凌红军、张硕、方韬、吴华锋、曹阶铭、蔡永江、王祖伟、郑寒、项德胜等歙砚制作大师。歙砚石材产地包括歙县、休宁、祁门、黟县、婺源等地，以歙县与婺源交界的龙尾山（罗纹山）为主，歙砚故而也有龙尾砚之称。歙砚有"坚润如玉，磨墨无声"和"抚之如柔肤，叩之似金石"等盛誉，南唐后主李煜曾有"歙砚甲天下"之说，苏东坡也称赞歙砚"涩不留笔，滑不拒墨，瓜肤而縠理，金声而玉德"。其色泽以青碧、黑灰色为主，亦有绿、紫、黄、红等颜色。而其石品则包括歙青、歙红、眉子、罗纹、金星、金晕、玉带、彩带、鱼子等类。欧阳修在品鉴歙砚时指出，"歙石出于龙尾溪，其石坚劲，大抵多发墨，故前世多用之。以金星为贵，其石理微粗，以手摩之，索索有锋芒者尤佳"。本来我只有两方歙砚，后来我夫人有机会去歙县出差，我就特别叮嘱她要为我多购几方歙砚。当她电话提醒我已经为购砚倾囊而出后，我赶快告诉她哪怕找同事借钱也要为我圆歙砚之梦。此后我在潘家园又陆陆续续寻觅到一些歙砚，满足了这点超出理性的爱好。

洮砚的产地在甘肃甘南藏族自治州卓尼县洮砚乡洮河之滨，故有洮砚之称，特别出名的是喇嘛崖老坑、水泉湾老坑的砚台。而洮砚的制作范围则更广，尤其以临洮县颇为有名。洮砚色彩以绿色为主，给人雅丽端庄之感。北宋赵希鹄指出，"除端、歙二石外，惟洮河绿石，北方最贵重，绿如蓝。润如玉，发墨不减端溪下砚，然石在大河深水之底，非人力所致，得之为无价之宝"。这种砚绿包括墨绿、碧绿、辉绿、翠绿、淡绿、灰绿等。但也有暗红、淡紫的紫石洮砚，不可绝对而言。较为典型的石色包括亮绿的鸭头绿、深绿的鹦鹉绿、淡绿的柳叶青、玫瑰红的鸊鹈血，以及栗子色、羊肝红、瓜皮黄等。而纹饰则有水纹、云纹、石膘等。洮砚的一大特点就是坚持手工雕琢，使每一方砚都凸显其独特性。洮砚大师包括李茂棣、杨寿喜、张志安、王华波、张永飞、李建华、冯志远、王玉明、李海平、李江平、刘爱军、赵成德、马万荣、卢锁忠等人。我只通过视频见过这些大师的洮砚作品，未能亲饱眼福。卢锁忠建立了中国第一家洮砚博物馆，从此洮砚的影响大增。我去过甘南州，可惜没能到洮砚乡，也没有机会参观离甘南州不远的临洮县中国洮砚博物馆，十分遗憾。这是历史上文人墨客惦记之地，相关记录或描述颇丰，如吴镇曾写有"我忆临洮好，春光满十分"等诗句。陆游也有诗云"玉屑名笺来濯锦，风漪奇石出临洮"。而关于洮砚，黄庭坚曾说，"赠君洮州绿石含风漪，能淬笔锋利如锥"。苏东坡则赞洮砚"缥缈神仙栖到山，幻出一掬生云烟"。苏东坡还曾在黄庭坚所赠洮砚上题铭称其"洗之砺、发金铁。琢而泓、坚密泽"。赵朴初也描述说，"风漪分得洮州绿，坚似青铜润如玉。故人万里意殷勤，胜我荒斋九年蓄"。在洮砚作品上，艺术家们匠心独具，使之具有"百态砚""随心砚"之灵动，充满禅意、道境、哲思、文采。好在自己还是与洮砚有点缘分，曾在去兰州开会、甘南州调研的机会中获得两方洮砚，虽不是精品，却是从无到有的突破。

澄泥砚是基于天然淤泥烘制，用窑焙烧而成，因而其造型的空间较大，更有利于艺术家的想象及发挥。澄泥砚在狭义专指山西绛州（今新绛）的澄泥砚，广义上则指澄泥烧炼的各种砚台，包括山东泗水柘沟的鲁柘砚、河北滹沱的滹阳砚、河南灵宝（古虢州）的澄泥砚等。澄泥砚的颜色有多种，比较突出的为"鳝鱼黄""蟹壳青""玫瑰紫""玛瑙红"等品相。此砚以绛州澄泥砚最为有名，其制作始于唐代，历史上曾获得"贡砚"的称号，有"虢州澄泥，唐人品砚以为第一"（宋李之彦《砚谱》）之誉。对其优点，《陕州志》称"虢国澄泥砚，唐宋皆贡，泽若美玉，击若钟磬，坚而不燥，抚之如童肤，储墨不耗，积墨不腐，作书虫不蛀"。但澄泥砚的制作工艺一度失传，直至 20 世纪 80 年代末才被蔺永茂和蔺涛父子所恢复，从而发扬光大，澄泥砚成为中国名砚中唯一的非石质砚台，乃陶砚之首。我在山西、山东出差之际，曾有心关注澄泥砚的发展情况，也曾先后购得一些砚台。那时还有山东大学的朋友一起陪我逛早市，在市场上曾多有斩获。

鲁砚中以青州红丝砚最为典型，其产地在青州的黑山，该地岩石曾被孔子描绘为"琼脂玉花"。红丝砚在唐宋时期曾居四大名砚之首。西晋张华称"天下名砚四十有一，以青州红丝石为第一"，唐代柳公权曾言"蓄砚以青州为第一"，而宋代欧阳修也称"以青州红丝石为第一"。不知何故，红丝砚在"四大名砚"中的地位后来有所动摇，迄今仍处于与澄泥砚争着入"四"的状况中。红丝石的特点是"华缛密致，皆极其妍。既加镌凿，其声清悦"（宋唐询《砚录》）。赵朴初亦称赞说，"黑山红丝石，奇异盖其尤。云水行赤天，墨海翻洪流。临砚动豪兴，挥笔势难收"。去山东是找寻红丝砚的绝好机会，我几次去济南等地都多有收获。此外，我参加尼山论坛时也在朋友的帮助引导下购得了孔子故里的尼山石砚。不过由于时间紧迫，没能精挑细找，多少留有遗憾。

在人民大会堂开会时，我常常会去欣赏其收藏的重达六吨的巨砚，此即易水砚珍品《归砚》，以秦始皇统一中国、巡视长城为背景，作为香港回归的纪念。这块巨砚恰好验证了"端歙无大料，巨砚出易水"之说。易水石砚也称易水古砚，源自河北易县，是北方著名的砚台，故有"南端北易"之称。其制作最早可以追溯到春秋战国时期，兴盛于唐代，据传易州的奚超父子继承前辈制墨技术，在易水终南山津水峪制作出奚砚，奚超之子奚庭硅被南唐皇帝封为"墨官"，此即易水砚之始。而被赐李姓的奚家由易州迁居歙中，又成为徽墨、歙砚之祖，并影响到端砚的发展，从而使易水砚的发明人有"中国制砚之鼻祖"的美称。据史料记载，易水砚"砚石有紫、绿、白、褐诸色，质细而硬，为砚颇佳"（明弘治《易州志》）。其石料的精品为紫翠石、玉黛石等，故有"紫翠玉黛相辉映"的佳话。李白曾对易水砚颇有称赞，留有"一方在手转乾坤，清风紫毫洒千樽。醉卧黄龙不知返，举杯当谢易水人"的诗句。现在的易水砚大师有张淑芬、邹洪利、崔文龙、崔爱民、马强等人，其创作题材丰富、想象浪漫、技术精湛，多有精品问世。我早就注意到易水石砚，并曾利用去石家庄开会的机会到易水砚砚台展室参观，也采购到较小的砚台。易水在中国古代历史上极为出名，而易水砚则又为中国现代工艺增光添彩。

　　苴却砚产于四川省攀枝花市仁和区，石材取自金沙江沿岸大龙潭乡境内的悬崖峭壁，此地古称苴却，故成其砚名。早在唐宋时期，此砚就曾被作为"泸砚"而记入史书。故此，我在泸州时还专门找寻过"泸砚"。但自清代以来，苴却砚的影响曾一度消失，几乎无人提及。直到20世纪80年代，苴却砚才开始重新发展，并在当代社会脱颖而出。方毅曾称其为"砚中珍品"，李铁映对其亦有高度评价。苴却砚的特点是石色紫黑、石质细密，有丰富的膘、眼、线、纹等，尤其是其绿膘石品、碧眼石品等能够给人赏心悦目之感，其丰富的色彩使之获得"中国彩砚"之誉。苴却砚大师有郑知明、曹加勇、程学勇、刘开君、罗伟先等人。我对苴却砚的了解始于出差途中偶然在一份杂志上看到的关于砚台在当代重获新生的报道，上面还刊登了一批苴却砚的精美照片，由此对其产生了浓厚兴趣，并一直想去攀枝花，希望能够一睹其芳容。非常可惜，我迄今没有去过攀枝花，所以对苴却砚的全貌茫然不知。不过，有一次出差去昆明，我在下榻的宾馆大堂突然发现柜中陈列着不少苴却砚台，这真让我喜出望外，颇有"踏破铁鞋无觅处，得来全不费工夫"之感。我连忙联系宾馆服务员，询问可否购买这些陈列的砚台。服务员也特别惊讶，说是受商人之托在此展示出售，却一直无人问津，多年来他们从未卖出过一方砚台，没想到我一下子就要购买好几方。双方都感到非常高兴，一拍即合，宾馆服务员经电话请示后非常痛快地打折卖了我选中的几方砚台，从此也就填补了我原本缺少苴却砚的空白。

与贺兰砚的交往也属偶然，让人难以忘怀。有一次我去宁夏开会，住在银川市的一个宾馆，发现餐厅四周有不少砚台在展示。这是我第一次看到这样精美的贺兰石砚，不免有些惊喜，连忙问餐厅服务员是什么情况。她们告诉我这是一家贺兰砚博物馆拿来展示的，但她们无权出售。看我有所失望，她们告诉我如果真心想要，倒是有商家的电话可以联系。于是我让她们马上联系，回答是一个小时后商家会派人赶来。不久，一位赵姓女士赶到宾馆，告诉我此餐厅柜中展示的砚台都是郝氏砚，他们建有郝氏贺兰砚阁，但离这里太远，欢迎我今后有机会光临；而她就是郝氏家人，可以帮助办理郝氏砚的选购事宜。于是，我购买了两方已经选中的郝氏砚台。为了联系方便，我们互加了微信。回北京之后，我不仅收到赵女士寄来的砚台证书，而且还获得她赠送的两方小砚，颇有意外之喜。贺兰砚以产于宁夏的贺兰石为材料，因出于贺兰山故得此名。其石质可与端石媲美，属于"宁夏五宝"。贺兰砚的起源在传说上与"蒙恬制笔"有关联，其历史记载则见于《宁夏府志》："笔架山在贺兰山小滚钟口，三峰矗立，宛如笔架，下出紫石可为砚，俗呼贺兰端。"贺兰砚大师有闫子江、陈梅荣、施克俭、闫森林、杨武、樊庆云、闫淑丽、张凤玲、马继红、马增强、马泽瑞、周云峰、崔小录、石飚、黄治国、郝延强、郝银霞、王辉等人。最初"闫家砚"独占鳌头，后来各方艺人汇聚银川，使贺兰砚得到多元发展，著名的有"马家""郝家"等，而"无腿行者"王辉以制作贺兰石砚来雕刻美丽人生的事迹非常令人感动。这里的人们强调贺兰砚的重要地位，故有"一端二歙三贺兰"之说。董必武曾赞誉贺兰砚，留下了"色如端石微深紫，纹似金星细入肌，配在文房成四宝，磨而不磷性相宜"的诗句。与郝氏砚的偶然结缘，使我特别向往对贺兰砚有更多的了解。我已在憧憬下一次银川之行，渴望在那儿一饱贺兰砚精品。

思州石砚为中国传统工艺美术品中"八大名砚"（端砚、歙砚、洮砚、澄泥砚、鲁砚、苴却砚、贺兰砚、思州石砚）之一，影响久远。苏东坡曾称思州石砚为"珙璧"；康熙曾将其作为御砚，其手下大学者檀萃甚至专程到思州石砚产地调研。而日本前首相田中角荣访华时还专门找周总理求要思州石砚。此砚因产自古思州治地（今贵州黔东南苗族侗族自治州岑巩县思阳镇）而获名，简称思砚或思州砚。因其内含有天然金星矿石而又有"金星石砚"之称。该地在古代被视为"蛮民"居所，故有"蛮州""五溪蛮"等贬称，亦简称"蛮溪"，其砚故也曾有"蛮溪砚"等旧称。思州石砚石好色美，有"水石殊质""云滋露液""浑金璞玉""金光内发""墨均笔润"之誉。其制砚大师则有聂宝善、周树南、周永平、高世贵、张小平、杨刚等人，他们留下不少精品杰作。我早就听说过此砚，且向往已久，后来幸得朋友帮助，终于有了一方思砚在手，从而满足了自己的思念之情。

松花御砚顾名思义乃用松花石料制作而成，为清朝皇帝所专宠的砚台。其原料松花石最早发现于吉林通化长白山区的砥石山的江沿，因此地位于松花江的中段，故其地石材故称松花石，亦名松花玉。松花石砚早在明朝中期就已出现，至明朝末年其砚台制作技术已趋于成熟。清朝皇帝康熙、雍正、乾隆等更是特别喜欢松花石砚，将其作为国宝御用，故有"御砚"之尊。康熙曾有"寿古而质润，色绿而声清，起墨溢毫，故其宝也"之赞誉。在康熙《制砚说》中亦有"盛京之东砥石山麓，有石垒垒，质坚而温，色绿而莹，文理灿然，握之则润液欲滴，有取作砺者。朕见之，以为此良砚材也"等记载。正是由于其"御砚"身份，以"品埒端歙"之势而为"群砚之首"，故在清朝制砚颇少，留存也不多，现基本藏于故宫博物院和台北故宫博物院，成为罕见珍品。现在的松花砚则因1979年以来发现其旧矿而得以发展。其石质坚而细，超过端石，其面温润如玉，胜于洮石，故被赞为"洮河无此润，端溪无此坚"（文物鉴赏家傅大卤语），因此广受欢迎。赵朴初也曾以诗来称颂松花石砚："色欺洮石风漪绿，神奇松花江水寒。"这方来自祖国东北的砚台虽然流行不广，却有着"低调奢华砚生辉"的荣光。松花砚大师则有彭祖述、彭沛、刘祖林、翟立国、崔小华、徐本江、冯军、冯月婷等人。2023 年 7 月在中国美术馆曾举办过"投石问道 投石闻声 投石铺路——中国工艺美术大师彭祖述松花石百砚展"，引起轰动。我虽然无缘到吉林等地寻觅松花砚的发展踪迹，亲睹其芳容，却可以在网上通过视频来尽情欣赏，并以网购方式得到两方松花砚，因此稍微有了一些心理慰藉。

除了上述"十大名砚"，我对一些地方名砚也颇感兴趣。为此，我曾在家乡找寻具有地方特色的湘砚，包括曾国藩溪砚等。到了成都，我则四处打听蒲砚的消息。后来灵岩书院的朋友陪我驱车一百多千米来到蒲江县的蒲砚村，在蒲砚书院拜访了蒲砚传承人赖庆良先生。蒲砚是四川名砚，以蒲江县的蒲石磨制雕刻而成，故有此名。其历史可以追溯到南宋宁宗时，传说蒲江人魏了翁赴京赶考，因天寒赶考者所用之墨冻成冰块，无法书写，唯独魏了翁所用蒲砚之墨仍为水状，保障其顺利应考。"临寒不冰，当暑不涸"的石质使蒲砚由此出名。据《蒲江县志》记载，蒲砚有"石质坚实细润，雕刻精美"和"坚如金石，细如粉绸"等特点，普遍受到文人的喜欢。在四川，蒲砚与苴却砚、广元的白花砚并称为"蜀中三大名砚"。赖庆良先生向我们介绍了蒲砚的发展历史及其特点，展示了其蒲砚作品，我们也说到对蒲砚发展的期望，并购得一方心仪的蒲砚后满意而归。

2023 年 10 月，我趁着到沈阳治病之机，又琢磨着要找找辽砚。辽砚与松花砚比较接近，尤其是辽宁本溪的砚台，基本上与松花砚有着异曲同工之效。辽砚石材坚实，有"叩之如铜"的清脆之声，其色彩则有翠绿、紫绿、绛紫、骆青、灰白等，为艺术家的想象及创作都提供了巨大空间。根据网上查找的情况，我们在沈阳朋友的陪同下租车来到沈阳龙之梦雅仕茶城，但上上下下找了好几遍也没有找到贾鹤经营的辽砚艺术精品私营店，后来才得知他早已搬走。在扑空后的失望、茫然之际，恰遇一位在此经商的湖南老乡。她知道我们的来意后告诉我有一处地方可以买到辽砚，并马上就与对方联系上了。于是，我们又打车去了沈阳和平区的"不止事茶"辽砚石茶器店。这是一个非常小的店铺，店主人是名叫晓婷的小姑娘。她热情地接待了我们，大家一起喝茶聊天，由此得知了些许辽砚发展的现状，而且了解到贾鹤制作辽砚已经出名，需要者要事先联系预订。这个店里砚台不多，已经以经营其他产品为主了。尽管如此，我终于找到了辽砚，最后购得一方比较典型地体现辽砚特点的普通砚台，从而满意地结束了这次沈阳之行。

说实话，我对砚台没有研究，也可以说比较外行，对于砚台的形制、不同材质的特点，以及砚台制作的工艺技术，基本上都是门外汉。而且，面对昂贵的砚台精品，自己也只能望而却步，望砚兴叹。中国民间有许多收藏砚台的大家，而且出版了不少他们研究砚台的专著和其藏砚展览的专辑等。与之相比，我这点爱好不过是点到为止、不足挂齿。自己在精力、时间等方面也不可能于此再上一个台阶，只能是见好就收，意思意思而已。不过，我对砚台的喜爱一是出自对其石材的奇特感觉，二是对制砚大师艺术创造的由衷敬佩。在砚台石质上，我看到了石头的性格和品质，对砚石有一种"人化"的感觉。人们对砚石的各种描述和解说，我都会加以人格、品性的联想，由此形成与砚台内蕴的联觉。在砚台上我感触到高尚人格的体现，有着一种精神升华的体悟。来自山区的我，骨子里就是一块石头，小小的自己恰好可以与小小的砚石比照、对话。虽然这实质上是我的独语，却也在砚台上似乎找到了谈心的知己。可作为砚材的石头若不能成为砚台，或许就只能在黑暗中等候千年，无人发现，得不到亮相和欣赏。而砚台则展示出石头的精华及气质，使石头获得升华和超越。人生如石，或在泥土中默默无闻、千年孤寂，或如砚台那样横空出世、大放光彩，达到生命与价值的极致。而制砚大师经过精心制作，以其天才的想象、浪漫的才华，让砚石的意蕴得到彻底的发掘、通透的表达。他们以点石成金的大手笔使砚台成为精神的产品及表达，有了生命、有了灵魂、有了情感。因此，制砚大师们乃石头的"伯乐"，其发现和发掘、构想和创造成就了石头之"精"，让石头脱颖而出。这些砚台精品已成为鲜活的石头之魂，乃岩之精灵、物之飞天，它们让人与自然得以无限贴近，使主体与客体有机融合成为一体。一方砚石中有着大千世界、宇宙洞天，折射出自然真谛、人生意蕴、社会底蕴。因此，砚爱实则精神之恋、思想之痴、灵感之机，于此而石破天惊，物我交融。这也是人生最深刻的"石见"。

三、木魂

　　木刻、木雕是人类重要的工艺美术表达方式之一，其特点就是在木材上，尤其在木板上雕刻出图像造型，使之获得艺术生命。几次偶然的经历，使我对木刻、木雕产生了浓厚兴趣。而与相关艺术家及其艺术作品的交往和相遇，使我对木雕生发出"时空艺灵，东西木魂"的强烈感悟。

（一）十竹斋

　　在一次非物质文化遗产展览会上，我结识了杭州十竹斋艺术馆负责人魏立中先生，从而也接触到木刻及木版水印技艺。十竹斋由胡正言始创于明朝。他在南京鸡笼山购地建室，在室外种了一丛修竹，并将自己的书斋以"十竹斋"命名，从此他就在"十竹斋"开始了自己的出版事业，"十竹斋"这一品牌也流传至今。十竹斋木版水印的翻刻复制技术，有"天下真迹一等"之誉。对于十竹斋的艺术贡献，著名学者王伯敏曾高度评价说，"十竹斋的水印木刻，是继承了传统的套印技术发展起来的。中国正是发明纸张和印刷术的国家。前人在这方面就付出过不少辛勤的劳动，累积了丰富的经验。不是这样，十竹斋的水印木刻，不可能骤然达到那样精美和巧妙的程度"。由此可见，十竹斋的成就一方面与中华优秀传统文化有机关联，另一方面则是一代代艺术家推陈出新、共同努力的结果。

魏立中先生是有"陈一刀"之称的十竹斋技艺大师陈品超的关门弟子，长期从事版画、篆刻、摄影等艺术创作事业，并于 2001 年创立了杭州十竹斋艺术馆，从此使十竹斋成为当代中国木版水印名坊，让杭州"天下印书，杭州为上"的优秀传统得以发扬光大。我与魏先生有一见如故之感，彼此很是谈得来。他才华横溢，性格开朗，幽默活跃，谈吐不凡，机敏智慧，充满活力。与他接触，有一种被其乐观所感染的激动情绪。那次见面之后，他又邀请我去杭州参观了十竹斋艺术馆。这座艺术馆身兼美术馆、艺术创作中心和人才培养基地三项职能，在该艺术馆里展示有许多木版水印艺术作品。其中用木版水印复制的精品包括《金刚般若波罗蜜经》《玄奘西行图》《富春山居图》和《五牛图》等，给人印象深刻。他还告诉我，这种木版水印技艺还可复制世界名作，如果感兴趣，他可以为我复制出达·芬奇创作的油画——"神秘微笑"的《蒙娜丽莎》。我深表谢意，一笑了之，表示充分相信他的天才创意和技艺能力。后来他在 2018 年访问伦敦时就曾向当时的查尔斯王子赠送他以查尔斯本人为题材的木刻肖像印作品。他还向查尔斯介绍了中国的木版水印技艺。这次访问期间他在英国王储基金会传统艺术学院专门设立了

"华韵十竹斋木版水印奖学金",鼓励并奖励年轻人学习这门技艺,传承绝学。

其实,木版水印技艺不仅是原作的重印,更是艺术家自己的精心创作,在复制中充满新意,亦有极高的技艺难度。除了魏先生精湛的艺术造诣,我特别佩服他的还有两点:一是他精心教育青少年关心中华优秀传统文化,并开办了各种培训班和工作坊来使这一技艺得以传承,为此他还在中国美术学院版画系设立了"魏氏木版水印奖学金";二是他经常出国访问,在大英博物馆等世界著名艺术中心、高等院校等传播和弘扬中华优秀传统文化,让各国民众了解并喜欢木版水印等中国工艺美术。我在微信上经常追踪他的出访及各种技艺传授活动,深受感动,也为他感到骄傲。

2013年11月,由国家图书馆、中国非物质文化遗产保护中心主办,杭州十竹斋艺术馆承办的"十竹斋木版水印非遗艺术传承文献展"在国家图书馆古籍馆开展,许嘉璐等社会知名人士出席了开幕式。本来魏先生也邀请了我参加开幕式,但因为我当时在外地出差而未能出席。我回到北京的第二天,就马上赶去参观欣赏,受到了他的热情接待。他详细讲解了展品内容及创意,我大开眼界,深受启发。杭州十竹斋艺术馆在他的带领下越办越好,而他本人也因杰出的文化贡献获得了不少荣誉。2013年底,杭州十竹斋艺术馆被授予"国家级非物质文化遗产保护研究基地"。2014年11月,其申报的"木版水印技艺"入选第四批国家级非物质文化遗产代表性项目名录,他本人也获得"中华非物质文化遗产薪传奖"。2018年5月，他成为第五批国家级非物质文化遗产代表性项目代表性传承人。2019年获得中国当代杰出非物质文化遗产传承人等殊荣；同年底，杭州十竹斋艺术馆被文化和旅游部列为国家级非物质文化遗产代表性项目"木版水印"技艺保护单位。2021年，他被推选为2020"中国非遗年度提名人物"。因此，我们可以不断去杭州十竹斋艺术馆"打卡"，也应该在文化精神层面不断走近魏立中先生。几年前，魏先生告诉我，他在北京前门也开辟了一个新的工作室，欢迎我去参观交流。而十竹斋的发源地——南京这些年来也恢复了木版水印技艺传统，这使中华优秀传统文化的宝藏在当代重放光彩，的确是颇值得庆贺之事。从十竹斋的存留及发扬光大，可以看到魏先生的执着、努力和坚持。这项中华非物质文化遗产的传承今天终于大有收获，喜得善果，于此魏先生可谓是功不可没。

　　木版水印技艺集绘画、雕刻和印刷为一体，是中国传统技艺中特有的彩色版画印刷术。这种技艺基于水墨渗透的原理来创作，既可逼真复制各类字画，也能自由地创作自己的艺术作品，从而扩大了"印刷"的内涵，加深了对中华印刷术的体认。其笔触墨韵使木料复活，展示出栩栩如生的英姿。不少哲学家认为各种形象就蕴藏在物质材料之中，哲学家的任务就是将其呈现出来。相比而言，哲学的抽象呈现远不如这种艺术呈现生动、逼真。在艺术家的手下，木料等材质获得新生，可以获得艺术随心所欲的呈现。

（二）周东申版画

2022 年我到济南开会，会后时任山东省基督教爱国会主席的高先生留我多住一天，其间傅媚女士带我们参观了周东申版画展，我一下子眼睛一亮，被艺术佳作所吸引。由于时间有限，对周东申的展品也只是惊艳一瞥，但却在瞬间带来了心灵的震撼。可惜周先生年事已高，很少出门，因而未能与其当面交谈，甚是遗憾。

周东申先生 1963 年毕业于浙江美术学院（今中国美术学院）版画系，随后执教于山东工艺美术学院。他曾长期在海外漂泊，前些年终于回到祖国，落叶归根。在过往的艰难岁月中，他的同学大部分都放弃了版画创作，而周先生却义无反顾，顽强地坚持了下来，最终成为国际版画大师和藏书票艺术大师，并获得了中国版画最高奖——"鲁迅版画奖"。因此，当大部分人选择放弃时，却是坚持者成功的机遇和希望。周先生的版画创作十分严谨，认真程度达到一些作品会雕刻约十万刀之多，故而他获得了"十万刀"的绰号。他的代表作品亦多次获奖，并被大英图书馆等 16 个国家和地区的世界顶级博物馆所收藏。例如，他 1985 年创作完成的《绿色保姆》，以在长 15 厘米、宽 13.5 厘米的尺寸内雕刻超过 96000 刀的技艺，于2023 年底获得总部设在英国伦敦的世界纪录认证机构（WRCA）"单位面积雕刻刀数最多的木面木刻版画"的世界纪录认证。

在德国留学时，我曾对木刻版画稍有关注，因为中国社会科学院世界宗教研究所研究员徐梵澄老先生早年留学欧洲时就曾为鲁迅先生搜集版画，特地了解过欧洲木刻版画的情况。我与徐先生为湖南老乡，且自他 1979 年从印度归国后就和他有所接触，对鲁迅促进中国版画的发展略知一二。中国的木刻版画可以追溯到一千多年前，与佛教艺术有着密切关联。佛教版刻艺术以刻经为主，保留下来的唐代《金刚经》木刻版画印于 868 年，是中国古代雕版印刷工艺的代表作，为目前所知的世界上最早的木刻版画，现收藏于伦敦（最初收藏于大英博物馆，现保存在大英图书馆）。鲁迅称赞中国的雕刻艺术时，曾指出中国古代"惟汉人石刻，气魄深沉雄大，唐人线画，流动如生"。而他对现代木刻版画艺术更是极为推崇，认为这一体现"力之美"的艺术是"好的大众的艺术"，并指出"当革命时，版画之用最广，虽极匆忙，顷刻能办"，因而乃"正合于现代中国的一种艺术"。他积极倡导中国新兴木刻版画运动，为此曾编辑出版过近现代木刻选集《木刻纪程》，并向国人介绍过欧洲版画。此外，木刻版画在世界范围内都大有影响。德国表现主义艺术大师、雕塑家和版画家巴拉赫（1870—1938）擅长木雕和版画创作。巴拉赫也是我的硕士生导师非常喜欢的艺术家，他让我留意巴拉赫的作品，为此我还专门购买过巴拉赫的版画画册送给导师，从而也稍微知道一点国外版画发展的情况。欧洲木刻版画始于中世纪早期，14 世纪得到普及，文艺复兴时期有突破性发展，尤其是德国艺术家丢勒（1471—1528）的木刻作品对欧洲版画有着巨大贡献。很早的时候我就喜欢丢勒的版画作品，在德国留学时曾购买过丢勒的《圣经版画》画册，并打算将其译为中文出版，后来听说已经有中译本问世，因此特别高兴。他的《祈祷之手》《四骑士》等木刻版画作品也非常有名。欧洲的木刻主要是木口木刻，选择木料的横切面即木口来雕刻创作。

启蒙运动时期的英国艺术家托马斯·毕维克（1753—1828）被视为"欧洲木口木刻之父"，他发明的白线雕版法对木刻艺术表现力的拓展起到了关键作用。其代表作有《奇林汉的公牛》《等待死亡》等，他的《四足动物的历史》《英国鸟类通史》和《伊索寓言》等木刻插图则有"方寸乾坤"之誉。此后比较有名的作品则包括蒂莫西·科尔于1892年据达·芬奇原作完成的木刻作品《蒙娜丽莎》，作品给人惟妙惟肖、生动逼真之感。木刻通常指木面木刻，选择木料的纵切面即木面进行雕刻创作。一般而言，木口木刻更能比较细腻地表达雕刻意向，而木面木刻则可提供更大的创作空间。中国传统木版画大多以木面木刻为主，周东申的版画也主要体现了木面雕刻的特点。

虽然一生坎坷，周先生却乐观开朗，时尚洒脱，他的作品甚至显得诙谐夸张、浪漫奇妙。可以说，他的性格在艺术创作上也得到了充分体现，"周东申教授的版画刀法犀利、明快，正如他的性格一般，爽快麻利"（潘鲁生语）。生活的苦难并不一定就折射在受难者的艺术创作之中，往往恰恰相反。人们以艺术来向命运抗争，用乐观、明快的笔触来表达对未来的期盼，淡化困苦与忧伤。周先生就是一个有着信仰、满怀希望的生活强者。他看淡时空却不放弃，以超越之态在时空交错中潇洒自如，任意徜徉。因此，有人评价他的人生是"穿越时空的艺术之旅"，而他的创作则是"用线条诠释生命的激情"。周先生还特别擅长"藏书票"这种小版画创作，藏书票被赞为"版画珍珠""纸上宝石"。潘鲁生在评价周先生的版画时，就盛赞他"作品人物形象和自然风物皆饱满鲜活，气韵生动，没有丝毫的迟滞之感"。周先生的版画世界充满生活情趣，他是以"木语"这种艺术形式来高扬"木魂"，实现"与灵魂对歌"。我与潘鲁生先生曾有交往，他主编的著作中曾收录了我关于中国古代神话的论说。在对周先生木雕作品的评价上，我很赞同潘先生的高见。

周先生的作品以小件居多，他以其作为观察世界的小小窗口、表达情愫的方寸之地，真可谓"方寸之间见天地，细微之处有乾坤"，由此以小见大，洞幽察微，让木灵动，以画传韵。而且，周先生创作的题材亦包罗万象，古今中外一个不少。他不仅有单幅作品的个性张扬，而且还形成系列以实现作品的联合共构，目前已经出品的有《中国文学系列》《外国文学系列》《希腊神话系列》《圣经故事系列》等。2018 年，人民美术出版社还汇集编辑其作品，出版了三卷本的作品集《木语 周东申的版画世界》，包括《版画岁月》《生活趣味》《中外文学》分册。周先生的这些作品非常具有吸引力和感染力，受其作品的影响和激励，我们面对生活会更积极、乐观、超脱、愉悦。

（三）黄杨木雕

2023 年上半年，我们结束在温州的会议及调研之后，当地朋友带我们到附近的胡氏木雕艺术馆参观，近距离地接触了浙江的黄杨木雕艺术。与木版水印和木刻版画在平面上的展示不同，木雕则更多地体现出立体空间，艺术家的想象发挥也获得了更大的自由。木雕作为民间工艺美术，属于雕塑的一种，包括圆雕、浮雕、镂雕、根雕等，根据材料则分为红木雕刻、白木雕刻、檀香木雕、黄杨木雕和龙眼木雕等。

黄杨木雕有上海徐汇黄杨木雕和浙江乐清黄杨木雕等之分，均属国家级非物质文化遗产，弥足珍贵。乐清黄杨木雕主要产地有翁洋镇、柳市镇、乐城镇等，其历史可以追溯到宋元时期，在清道光年间脱颖而出。当时乐清艺人叶承荣创作了第一件黄杨木雕作品《太上老君道祖像》，成为传世杰作。自 20 世纪 50 年代以来，当地黄杨木雕精品不断涌现，成就了一批艺术大师，包括叶润周、叶一舟、叶栋材、郑祥奎、虞明华、王笃材等人。而随着中国改革开放的发展，当地也出现了一批年轻的黄杨木雕工艺美术大师，如高公博、虞定良、虞金顺、王笃纯、王笃芳、郑胜宁、吴尧辉等人。因此，乐清黄杨木雕有"华东一枝花"的美誉。2016 年 6 月，国家大剧院曾主办过"雕艺流音乐清王家黄杨木雕非物质文化遗产展览"，获得普遍赞誉。

我们参观的胡氏木雕艺术馆馆长胡逸民先生跟随父亲胡志龙学习木雕艺术，胡家主要在日本和东南亚等地拓展业务，广有影响。胡逸民从事黄杨木雕艺术创作及研究已有二十余年，并有七年海外求学的经历，主要在日本从事木雕艺术研究。他现在是浙江省工艺美术大师，其作品多次获奖，代表作包括《千手观音》《释迦如来》《春满人间》《九天揽月》《歌舞升平》《逆行者》《一带一路》和《大海逐梦》等，其中《大海逐梦》的灵感就来自港珠澳大桥海底隧道的开通。

胡氏木雕艺术馆占地五千多平方米，高有六七层，有高端木雕艺术品展厅、生活家居系列木雕展厅、彩色贴金佛像展厅等。我们坐电梯先到顶层，然后自上而下，逐厅参观。藏品有沉香、檀香、黄杨木、北美桧木等材质的艺术作品上千件，美不胜收。正是这些民间艺术家的坚守和传承，木雕技艺才得以保留，人们才能够欣赏到不少木雕精品。在乐清黄杨木雕的百花盛放、美不胜收中，这里的雕龙戏凤、湖光山色同样给人暗香袭人、流光溢彩、倩影浮动、华容婀娜之感，吸引着人们前往鉴赏，这里不愧为温州的工艺美术产业化示范基地和华侨国际文化交流基地。

黄杨木雕作品以黄色为主，这是中国人的主要代表色之一，鲜明而透亮，醒目且通透。因为艺术家根据木料形状来造型，所以作品会给人质朴、自然、空灵、浪漫之感，充满原始形态之观，带来朦胧的韵味，使人遐想、动情、沉醉、忘我。木雕物件的灵动，让人觉得此即具有灵魂、生命力旺盛之物。黄杨木雕作品不是静物，而是具有飘逸、飞腾的动感，让人觉得它们是黄色生命的精灵、金光照耀的存在。其色彩鲜艳，造型流动，作品自然之流畅与观者想象之流淌相汇相聚并相融，达到物我为一、天人合一之境。在这些栩栩如生的艺术作品面前，千种风情扑面而来，人们自然会憧憬美好的生活，感慨艺术创作的绝妙，由此人们也会感觉到人的尊严和骄傲，阅尽自然的春色及美好，珍视生活的意义与价值，从而超脱尘俗的羁绊，追求心灵的自由，放任精神的升华。在欣赏艺术作品、遁入想象之海时，我明白了哲学探奥的深意，体悟到人文知识的价值。能够想象艺术品在浪漫飞翔、无拘无束遨游时，人也就放飞了自我，走向了永恒。

四、对酒当歌

（一）对酒

我不会喝酒，家人也没有耐酒的基因，因此啤酒、红酒和白酒等好像都与我没有太大的缘分，酒量也从不见长。但是，这并不意味着我没有关于酒的故事，没有"对酒当歌"的体验。相反，我喜欢朋友们在一起喝酒的气氛，享受大家醉了也高兴的欢愉。曹操以"对酒当歌，人生几何；譬如朝露，去日苦多"的《短歌行》表达了一种消极情怀，好像是及时行乐的颓废表露，而综观曹操叱咤风云的一生，却并非纯为某种放任消极。因此，借其"对酒当歌"在这里也想表述另一种意蕴。

懂酒的人一般爱喝高度白酒，这在中国尤其如此。于是，高度茅台酒成为中国的国酒，也是大多数酒友的最爱。我在少年时对白酒毫无感觉，但非常喜欢外婆酿制的糯米"甜酒"（也称甜酒酿、醪糟），这种"酒"清香醇甜，让人上瘾。当时外婆被列入地富反坏右一类，不许家属接近，她只好靠卖甜酒为生。每次妈妈看到外婆在街上摆摊，就让我们兄妹几个多吃几碗，借此可以名正言顺地多给外婆一点钱。我们只知道甜酒好吃，但不知道是糯米通过甜酒曲（酒酵）发酵而成。街上经常听到小贩吆喝，"甜酒的酵子，纺纱的锭子，消灭老鼠药呢"！但并不知道是什么意思。因为太想吃甜酒了，所以一次在端午节过后自己曾尝试自造甜酒。于是，我拿了一个煮熟的粽子放入碗中，倒入少许白酒，然后放入白糖和开水，并拼命搅拌，心想这应该就是那非常好吃的甜酒了。结果，我刚吃了一口就吃不下去了，原因是酒又辣又冲，丝毫没有甜香味。这是我第一次尝到白酒味，因此记忆犹新。

1981 年我硕士毕业留所工作，但不久就被借调到外事局工作。那时外事局局长是王光美，我在接待处工作，负责外宾住宿、餐饮、出游等事务，有时领导请外宾吃饭也由我们安排。接待处几次要我负责安排王光美宴请外宾的事宜，都被我推掉了，原因是通常接待人员也要同桌吃饭，这样方便随时处理相关事宜，而我哪敢与原国家主席刘少奇的夫人同桌吃饭，当时真没有那个胆量。不过，有一次我们所长任继愈先生邀请我负责接待一位外宾吃饭，我倒是大胆地参加了，并且负责翻译工作。那次宴请上提供了一瓶茅台酒，同桌的季羡林先生还向外宾介绍了该酒的特点，说原料是存储的高粱等。别说喝茅台酒，我这是生平第一次看到，因此乘翻译停顿之机，我出于好奇也偷偷地喝了一小杯。任先生那时因为视网膜脱落，只有一只眼保留着零点几的视力，当时我觉得他应该不会发现我喝酒。没想到宴会结束后他缓缓地走到我身边，表情严肃地告诉我不要学喝酒。这一下子就把我惊住了，吓得我此后近二十年没敢喝白酒，直到 2001 年去参加一次长期培训学习，在同班学员的催促下才破了戒，开始学着喝一点白酒，但酒量一直不大，提高缓慢。其实，我们经常去少数民族地区，会喝一点酒对工作真的很有帮助。我第一次去内蒙古进行社会调研时，就赶上当地民众在蒙古包内向我们敬酒。那次我也是第一回看到烤全羊，羊烤好后有一个仪式，客人须喝三碗酒；可能从年龄、身份上考虑，主人们第一个向我敬酒，大家围着我唱歌，我不好意思拒绝只得一口气喝下了三碗酒。喝完后我立即觉得头昏脑涨难以支撑，急忙跑到帐篷外去吹凉风、淋点小雨，很久才缓过气来。等我重新回到蒙古包内时，烤全羊已被吃得只剩骨架了。在少数民族地区经常遇到餐前先敬三杯酒的习俗，而且往往还是要我首当其冲；如果不是同行的学者挡着并替我喝，我还真是有些招架不住。

出于对酒的好奇，我了解到白酒有多种香型。实际上，中国白酒就是古代米酒等粮食酒的升级版，不少地方也会用葛根、菌类、花草等可食用植物作为酿酒的原料。其中酱香型以贵州茅台酒等贵州当地酒为代表，以高粱、小麦和大曲酿制而成；浓香型以四川泸州老窖等为代表，故又称泸型，包括国窖 1573、五粮液、泸州特曲等；清香型以山西汾酒为代表，又称汾型。这三种为中国白酒的主要香型。此外还有：凤香型，以西凤酒为代表；米香型，以桂林三花酒为代表，俗称"米酒之王"；老白干香型，以衡水老白干为代表；董香型（药香型），以董酒为代表，其特色是"百草入曲"；芝麻香型，以山东一品景芝为代表；特香型，以四特酒为代表；豉香型，以广东玉冰烧为代表；兼香型，以湖北白云边、湖南白沙液，以及口子窖酒等为代表；馥郁香型，以湖南酒鬼酒为代表，该酒有"一口三香"的特点，乃三种香型的结合，故有前浓、中清、后酱之口感。而不太提及的还有浓中带酱型、果香型、花香型、芝兰香型、净香型、绵柔型等说法。酒精度较高的中国白酒有 81 度的云南东君寿酒、80 度的东北烧刀子、76 度的河北衡水老白干、75 度的清河大曲、73 度的泸州老窖原浆酒、72 度的五粮液原浆酒、71 度的青岛小琅高、70 度的湖北霸王醉等。我曾去国窖 1573 产地旧址参观，也到过茅台酒厂。一走进茅台镇，整个空气中都飘着酒香，不愧为"酒都"。

中国酒文化中还有一种非常重要的酒，即黄酒。它属于世界上最古老的酒类之一，为典型的发酵酒，但酒精度不高，大约在 14 至 20 度之间，因其"柔和温润"，故被视为"中庸之酒"。中国黄酒以绍兴黄酒、客家米酒和孝感米酒最为出名，因其香气浓郁、风味醇厚、口感极佳而颇受老百姓的喜欢，成为居家常饮的酒品。虽然绍兴黄酒最为有名，但据传黄酒发源于我的老家湖南，最早产地在衡阳，其酾酒即如今的黄酒。这一历史可以追溯到三千多年前，故黄酒有中国"第五大发明"之称。不过，在历史发展演变中，黄酒逐渐成为吴越文化的典型代表，尤以吴文化中的惠泉黄酒和越文化中的绍兴黄酒为引领，发展出"苏式老酒"之誉。目前黄酒较为出名的品牌包括古越龙山、塔牌本、孔乙己、会稽山、女儿红、石库门、太雕酒、和酒、即墨老酒、沙洲优黄等。其中有名的"女儿红"可以追溯到公元 4 世纪初的晋代，据说当时富户人家生女嫁女必备女儿红，而其名称的来源也是因为当父亲听到女儿出生的第一声啼哭时，就会酿成三坛谷酒将其密封而深埋在后院桂花树下，待女儿十八岁出嫁时才将此酒挖出作为陪嫁的贺礼。记得有一次我们在北京图书馆（今国家图书馆）开完会出来后正值中午，天气格外寒冷，于是大家走进附近的小饭馆吃午饭，点了一瓶绍兴黄酒，让服务员加热后送上桌，大家喝着热气腾腾的黄酒，寒意消失得干干净净。现在黄酒坛子酒成为集体聚餐时的好酒，特别是春节时一大家子聚在一起，加热黄酒后痛饮，其乐融融，也为节日气氛添色不少。

我们所研究中国哲学的余老先生比较喜欢喝酒，记得我第一次去他家时，恰好看到他的一个学生喝多了，满脸通红地躺在地上，劝他起来还不愿意，说地上凉快，真让人哭笑不得。余先生偏爱喝高度酒，说60、70度的酒都曾喝过。我在德国访问时曾发现当地人喝90度以上的烈性酒波兰伏特加，回国后将此情况告诉了余先生。不料先生哈哈大笑，说我因为不懂酒才敢胡言，一般高度酒也就是70多度而已，并告诉我世上就不可能有高到90度的酒，那几乎是纯酒精了。后来我利用到德国的机会再次了解这种烈性酒的情况，终于弄清楚了，原来这是一种波兰进口的伏特加酒，高达90度以上。随后我告诉余先生的确有90度以上的酒，他感到十分惊讶。后来这类高度酒也陆续进口到中国，如90度的格林纳达朗姆酒，以及波兰进口的生命之水伏特加（Spirytus），此酒更是高达96度，喝一口就火辣辣的，烧嗓子，稍有火星一点即燃。

其实，稍稍喝点酒还是可以的，既能助兴，也可浇愁，给人以精神安慰。记得读研时我曾问过导师，按照信仰的理解，人究竟应不应该、可不可以喝酒。他卖了一个关子先说，"上帝认为酒是人的仇敌"，让我感到那大概就不许喝酒吧。没想到他峰回路转又接着说，"但上帝强调要爱你的仇敌"，那就是又可以喝酒了！而老友重聚、新朋相识，喝点酒是可以营造和谐气氛，给大家助兴的。而对酒量大小的把握则可按照我们家乡著名画家黄永玉之言："不可不醉，不可太醉，而微醉最好。"其实，人在情绪波动时，对酒的感觉是不一样的，酒量的大小也是可以变化的。我在日本访问时，曾与中国留学人员及当地华侨一起喝酒聊天；当我们把日本清酒换成中国白酒后，大家越喝越香，聊得也越来越亲近，有些人甚至留下了思乡的眼泪，真有月是故乡明，酒是家里好之感。对于中国人而言，聚餐喝酒是生活中非常重要的交流方式，尤其在迎客送友上特别突出，故成为中国传统文化习俗中的有机组成部分，在百姓中喜闻乐见。这种习惯已久的人际关系、民众交往方式延续至今，而究竟应该如何看待，关键是把握好如何聚、怎样喝的问题，即保持温馨、和谐、热情、欢快的氛围，但不可奢靡、浪费、过度。

中国古代文人留下了不少关于酒的千古名句，如"劝君更尽一杯酒，西出阳关无故人"（王维），"花时同醉破春愁，醉折花枝作酒筹"（白居易），"白日放歌须纵酒，青春作伴好还乡"（杜甫），"兰陵美酒郁金香，玉碗盛来琥珀光"，"唯愿当歌对酒时，月光常照金樽里"（李白），"借问酒家何处有，牧童遥指杏花村"（杜牧），"一生一世一双人，半醉半醒半浮生"（李清照）等，表达了人们的喜怒哀乐、悲欢离合、情绪欲望、真心梦想。在酒中既有"酒醒熏破春睡"，"把酒黄昏后，有暗香盈袖"（李清照）的无限妩媚，也可获得

"将进酒，杯莫停"，"人生得意须尽欢，莫使金樽空对月"（李白），"有酒盈樽"，"顾影独尽"（陶渊明）的自我陶醉，更能体现"青梅煮酒论英雄"（罗贯中），"酒逢知己千杯少"（欧阳修），"一壶浊酒喜相逢，古今多少事，都付笑谈中"（杨慎）的豪迈超脱。酒可助兴，亦能释放忧愁。酒是人的情感的寄托、心灵深处的慰藉。古代文人把酒言欢、举杯浇愁，以酒论人生，借醉喻命运，这也是传统酒文化的意蕴及精华所在，历久弥新。所以，喝酒看场合，品酒靠心境，中国酒文化不仅反映出中国人非常独特的相聚形式和社交方式，而且也折射出饮酒人的感觉、心情和境界，饮酒可以从口感的愉悦上升到情感的抒发，并达到精神境界的展示和对自我缘在的超越。

西方人比较喜欢喝啤酒，其度数不高，饮酒量故可明显增大，给人豪饮之感。这种餐饮传统当前也已传入东方各国，在中国照样比较流行。我在德国慕尼黑留学时期，发现啤酒乃是巴伐利亚州最受欢迎的酒。品种繁多，酒精度数也不同，可供人们选择的余地较大。慕尼黑每年都举办世界闻名的啤酒节（十月节），吸引了全球酒友的关注和参与。世界各地来参加啤酒节的人数比整个慕尼黑常住人口还多得多，也是一大趣闻。在慕尼黑一位不喝酒的朋友曾经对我说，他因这么多人来到这里"酗酒"，让自己的家乡变为"酒乡"而感到羞愧。有一次啤酒节时，一位醉汉错把别人的孩子当作自己的儿子领回家而成为笑料。因此，喝酒也要适量而不可放纵，否则后果很难想象。在我学德文时，有一个啤酒品牌给我留下深刻印象。老师教德文形容词比较级时常给我们如此比喻说：gut, besser, Paulaner。如今这一德国原装啤酒也已进口到中国，并取中文名为

"保拉纳"。

我对啤酒并无太多感觉，也很少喝啤酒。这与我刚到慕尼黑的经历有关。我的一位博士生导师喜欢夏日带着他的学生及助手漫步远游，经常坐郊区列车到城市东郊的终点站下车，然后步行七八个小时到城市西郊他的家中吃晚餐。虽然一路上可以饱览湖光山色，却也非常辛苦。我第一次随导师郊游时没有经验，带着一个较大的手提箱却没有带水，结果走到离他家不太远处时已经口干舌燥、筋疲力尽。这时正好看到附近一家修道院在卖慕尼黑著名的黑啤酒，我平常就是一杯啤酒也得慢慢地才能喝下，此刻却一口气连喝了三大扎啤酒，立马觉得既解渴，又舒畅，有着无法描述的快感。不料到导师家后啤酒的后劲上来了，难受得躺在教授家庭院的草地上打滚，过了很久才缓过来。从此，我一见到啤酒就比较紧张、胆怯，尽管啤酒的酒精度数并不高，却再也不敢轻易喝啤酒了。这也难怪国内的朋友们笑话我从啤酒的故乡慕尼黑回国却不会喝啤酒了。

葡萄酒则介乎白酒与啤酒之间，酒精度数一般不会高于15度。喝葡萄酒比较讲究，这是西方酒文化的重要组成部分。巴伐利亚州邻近的巴符州比较流行喝葡萄酒，当地居民有时会开玩笑说，喝啤酒的巴伐利亚人比较土，代表着农民阶层，而他们喜欢葡萄酒就说明其文化档次显然比较高，属于一种高雅的生活爱好。欧洲葡萄酒以法国、意大利一些酒庄品牌的产品最为有名，如法国的拉菲酒庄、木桐酒庄、拉图酒庄、白马酒庄、柏图斯酒庄、奥比昂酒庄、玛歌酒庄、玛高酒庄等，这些酒庄有不少分布在波尔多地区一带，这使波尔多成为法国葡萄酒的一张名片。法国葡萄酒中尤其是拉菲酒曾名扬一时，导致价格昂贵，令人却步。但欧洲人也比较看好拉图酒庄的葡萄酒，英国品酒名师休·约翰逊就曾说过，"如果拉菲是男高音，拉图就是男低音；如果拉菲是一首抒情诗，拉图就是一部史诗巨著"，借此表达这两大名酒的不同特色及深厚"酒蕴"。当然，德国也有一些味道不错的葡萄酒，我们在德国喝得更多的还是德国酒。在一次国际会议结束后，德国主办方组织与会者参观附近的著名酒庄，大家听庄主介绍完获得金奖和银奖的酒后，也有不少人忍不住出手购买。其中我们熟悉的教授买了两瓶好酒，因他接着还要去意大利旅游，故请同校另一位教授帮助把"两瓶酒"带回国，这位酒量极大的同事非常豪爽地回答，一定保证把这"两瓶儿"带回去。委托带酒的教授一琢磨把"瓶儿"带回去之说有点儿不对劲，感觉到他是否能够真把"酒"带回去还不好说，于是急忙又向同事要回了那两瓶酒，意识到还是自己带着比较保险。此事之后也成为业内人士喜欢开玩笑的一个段子。

据说喝葡萄酒比较讲究，体现出西方酒文化的真谛。一般而言，喝葡萄酒之前需要"醒酒"，而最初人们并不明白何为醒酒。记得有一次我们在北京一家新开张的四星级宾馆招待客人，同事把带来的几瓶葡萄酒交给服务员，请他帮助去"醒醒酒"；不料这位服务员所理解的"醒酒"就是把酒泡在热水里，于是自作主张地将几瓶葡萄酒都放入一桶热水里，等同事让他上酒时才发现他提着一桶热水泡了很久的葡萄酒上桌，一下子令人啼笑皆非。我听说常喝葡萄酒有保健作用，但因酒量太小而从未尝试过。我一开始喝葡萄酒时习惯兑些雪碧来冲淡酒精浓度，后来才知道这种喝酒的方式是不对的。后来我虽然喝葡萄酒相比其他酒多，然而通常我的最大酒量也就是不足三分之一瓶而已。但偶尔也出现过奇迹：记得那次上级领导来我所宣布我不再担任行政职务，晚上碰巧与朋友一起吃饭，就是一个例外；因卸下担了 25 年之久的责任重担，自己一下子觉得放松、轻松，因而一个人不经意地喝完了一瓶葡萄酒，竟然还丝毫没有醉意；这对我来说也是空前绝后、绝无仅有的一次经历了。我非常愿意参加与会喝酒的朋友们的小聚，看到大家的陶醉之态，自己心里也充满暖暖的醉意和愉悦。朋友们时不时会自带酒来相会，这也是大家不约而同所欢唱的"掏（涛）声依旧"。

　　在西方酿酒的传统中，还有著名的威士忌和白兰地。其中威士忌由大麦等酿制而成，人们戏称为啤酒的升级版，以英国为主要产地，包括苏格兰威士忌、爱尔兰威士忌、美国威士忌和加拿大威士忌等品种；而白兰地意指"烧制过的酒"，则是以水果发酵、蒸馏、酿制而成，主要原料为葡萄，但也包括苹果等水果，是一种蒸馏酒，也被视为葡萄酒的升级版，故有"葡萄酒的灵魂"之称，其主要产地在法国等地。威士忌和白兰地都属高度酒，酒精度通常在 40 度以上。但这两种酒属于奢侈品，很少进入大众人家。而且，这两种洋酒的口味也并不太符合多数中国人的饮酒习惯，故在国内不太流行，但在我国沿海一带地区和海外华人中仍有一定市场，让人们也有机会偶尔能品尝到。记得有一次在新加坡入境，那边的华人就让我们每人带两瓶免税的洋酒过去，这些酒也成为我们那次新马泰之游的就餐饮料。此外，近现代西方还流行"鸡尾酒"，这是不同种类的酒加上不同果汁饮料等按照相关比列调制而成，其颜色艳丽，口味独特，观赏性极强，所以很受欢迎，尤其年轻人对此趋之若鹜。在酒吧里，甚至调制鸡尾酒的过程也成为一种表演，调制者需要表现出高超的技艺，难度犹如杂技表演那样惊心动魄。关于"鸡尾酒"这种混合饮品的来源有很多说法，反映出民俗文化的特色。比较有名的鸡尾酒品牌有玛格丽特、曼哈顿、特基拉日出、新加坡司令、夏威夷酷乐、天使之吻、血腥玛丽、长岛冰茶、红粉佳人、金色梦幻、灰姑娘、琴费士、天蝎座、马天尼、斗牛士、教父、蛋酒等。我偶尔也尝过鸡尾酒，但毫无感觉。

（二）当歌

少数民族有一个习惯，就是喝酒之后会唱歌。记得在内蒙古旅行时，我发现人们无论身份高低或年龄大小，喝点酒后都会起身唱歌，而且个个都嗓音极好，堪比歌唱家的水平。我是土家族，也属于少数民族，但我就算不上能歌善舞了，毕竟走了做学问之路，许多爱好就不得不放弃了。记得中学时期我也曾是学校宣传队的一员，用现在的表述即文艺青年。那时大家都学样板戏，学得最多的就是《红灯记》和《智取威虎山》。我们宣传队也要学演《红灯记》，男孩儿都想演李玉和，女孩儿则都愿扮李铁梅。好像只有当时市武装部政委的女儿唱李奶奶非常到位，故也就不去争李铁梅的角色了。我们几个男孩儿经常跑到市京剧团找到扮演李玉和的演员，让他给我们说戏并表演示范。大家在他居住的楼顶平台上站一排，恭敬地向他学习李玉和的一招一式。不过，等京剧团真的来我们学校招生时，专门把我从教室里叫出来并征求家长意见时，父母却没有同意，自己也不是太想学，因此我最终还是没有走上文艺这条路。既然自己没有受过科班训练，自然一开口嗓音就只能反映出原生态的粗犷。所以，每次听蒙古族和藏族朋友唱歌，我都格外陶醉。

在祖国的文化中心北京，我有机会结识了一些文艺界的知名人士，特别是曾近距离接触到一些著名歌唱家。我在国际文化交流中心担任理事时，每年都会参加中心组织的理事联谊会。在这些联谊会上，我见到过著名作曲家王立平，他为电视连续剧《红楼梦》谱曲的音乐很难被超越，我非常喜欢他优美动情的音乐创作，也非常爱听《驼铃》《牧羊曲》《太阳岛上》和《大海啊故乡》等音乐。有时他也会在联谊会上清唱一曲，让我们饱享耳福。此外，著名女高音歌唱家叶佩英在联谊会上也经常会唱她的名作《我爱你，中国》。国际文化交流中心会聚了一批中国一流的艺术家，参加这样的活动让我大开眼界。此外，过去湖南常德老乡在北京举行的新年联谊会上，我也见过抒情花腔女高音歌唱家吴碧霞，她的嗓音纯净、甜美、清澈、明亮，其百灵鸟般的声音使她有"东方夜莺"之称，尤其是她唱的《小河淌水》，格外动听。我们都是常德一中的校友，但我的中学时代正值"文化大革命"，那时所学的只能是革命歌曲。记得有一次，我在校园内边走边哼唱"桂花生在桂石崖，桂花要等贵人来"的轻松歌曲，不料被驻校工人宣传队的人员叫住，指责我在唱"黄色歌曲"，要给我处分；我不得不据理力争，告诉他们这一歌曲是革命歌曲，歌词中突出的是"贵人就是解放军，共产党比太阳明"，这样他们才放过我。联想到"改革开放"初期，李谷一唱《乡恋》也曾被指责为靡靡之音，真让人哭笑不得。

在中宣部组织的几次"四个一批"会议上，我曾近距离听到一些平常只能在荧幕中和舞台上才能见到的著名艺术家唱歌。在这种联欢场景中，他们唱得轻松自然，比舞台上的歌声感觉更为亲近，也更有魅力。在朋友的介绍下，我认识了青年女高音歌唱家张家毓，她唱歌很有实力，尤其是花腔女高音令人震撼。最近她在歌剧《周恩来》中饰演了邓颖超，取得极佳效果。她在歌唱方面的发展很有潜力，真心希望她在音乐界能有更多的成果问世。另外，一个偶然的机会还让我认识了普米族女歌唱家茸芭莘那，她曾获得2006年《星光大道》总冠军，2013年她发来短信使我获知她在俄罗斯克里姆林宫表演的盛况，我也向她表示了祝贺。尤其让我兴奋的则是最近因去昆明参加在云南的湘籍人士活动而认识了中国国家交响乐团的著名男高音歌唱家张天甫先生。他也是我们湖南老乡，其嗓音出类拔萃，高亢动听。我非常佩服这些高音歌唱家，他们可以非常轻松地多次唱出高音 C，让我们这些业余爱好者望尘莫及。我认识张先生后回到宾馆房间，连忙在网上找他演唱的歌曲细听，不知不觉一下子就听了两个多小时。昆明会议结束后，我与张先生同一航班飞回北京，因而有机会和他长谈，并约好今后一定要去音乐会现场听他独唱。

在各种歌曲中，我比较喜欢听并想学唱的还是抒情歌曲。如国风作词、印青作曲的《望月》，我听过宋祖英、雷佳、王莹、刘赛、龚玥、张凯丽等女声独唱，以及周强、郁钧剑、周炜、王飞等男声独唱，都很好听，但会给人不同的感觉，这种比较中的欣赏趣味无穷。我对刀郎的歌曲一般兴趣不大，但听其原唱及各种男声、女声翻唱的《花妖》却感觉独特，尤其被译为英文的翻唱更是有趣。我听不懂谷村新司用日语唱的《星》之歌词，但能从歌声中感觉到一种凄凉、孤寂；而在众多中国歌手的中文翻唱中，邓丽君的中文及粤语方言演唱让我印象颇为深刻，感到其中少了一点悲戚和孤独，而多了一些励志和鼓舞。《斯卡布罗集市》原本是古老的苏格兰民间谜歌（riddle song），在20世纪70年代因电影《毕业生》中西蒙和高冯克的二重唱而走红，后来比较流行的是莎拉·布莱曼的女声独唱，但我更喜欢的却是彼得·霍伦斯的男声无伴奏独唱。在安德鲁·韦伯创作的音乐剧《猫》中，我最喜欢的是其主题曲《回忆》（Memory），除了伊莲·佩姬的原唱，我还听过中国歌手齐豫、江珊、辛晓琪、娄艺潇、王唯旖、周深、林志炫、沙宝亮等人的不同翻唱，歌声中的忧伤、怀旧之情，以及并没放弃希望的意志使我格外感动。此外，我还特别喜欢听各种无伴奏的男声合唱，曾在德国听过来自巴赫故乡的童声合唱，在英国坎特伯雷大教堂听过多声部的男声合唱，以及在芬兰赫尔辛基听过来自俄罗斯的男声合唱。在国外的东正教堂，以及阿拉伯和波斯文化中的清真寺，我都曾听过极为专业、格外动听的歌曲，真有听到天籁之音的陶醉感觉。

因自己的研究工作之故，我与蒙古族音乐家有着特殊的缘分。我在呼和浩特市认识了马头琴大师齐宝力高先生，此后常去看他的演出。他使马头琴音乐世界驰名，桃李满天下。而在我们的私人聚会上他也曾一展歌喉，令人兴奋而感动。在一次小型研讨会上，我认识了著名作曲家斯琴朝克图，他创作的《我和草原有个约会》《蓝色的蒙古高原》《泡泡雨》等歌曲，都是我非常爱听的，我也曾当面听到他的歌声。那次见面我们俩加了微信，随后他常告诉我其艺术创作的近况及新作，我也很高兴与他联系，向他请教。此外，我还认识了龙梅、伊里奇等蒙古族歌唱家，以及一些在《星光大道》中初露头角的青年歌手。龙梅是《陪你一起看草原》的原唱，她的歌声悠扬甜润、流畅动听，我们不时有机会近距离听她唱歌，深受感染。而伊里奇则是男中音歌唱家，他一开口就好像一个大音箱在振动，充满磁性，极具吸引力。与这些音乐家来往，能够得到不少音乐享受和艺术熏陶，也很长见识，开阔视野。在他们的熏陶下，自己似乎也觉得增加了不少艺术细胞。

最过瘾的还是欣赏歌剧。歌剧的特点就是以声乐的旋律来表达相关故事及其思想和情感，其中最为精彩的就是男女声独唱。其以咏叹调、咏叙调和宣叙调等表达的歌声优美动听，感人肺腑。我的硕士生导师赵先生也非常喜欢歌剧，在他浪迹天涯时还经常托人把他看的歌剧录像带来给我欣赏。他的嗓音也充满磁性，唱歌一定非常好听。很遗憾，我听过的歌剧实在太少，对于西方古典歌剧，只听过莫扎特的《费加罗的婚礼》和《魔笛》，瓦格纳的《尼伯龙根的指环》，威尔第的《阿伊达》《奥赛罗》和《纳布科》，普契尼的《蝴蝶夫人》和《图兰朵》，古诺的《罗密欧与朱丽叶》，圣桑的《参孙与达利拉》，比才的《卡门》，柴可夫斯基的《黑桃皇后》，托马创作的歌剧《哈姆雷特》，以及最近由徐俊改编并导演的音乐剧《哈姆雷特》等。我曾在维也纳歌剧院、巴黎歌剧院、慕尼黑歌剧院看过歌剧，但那时如果没人请客，作为囊中羞涩的穷学生也就只能是购买站票去欣赏了。让我印象比较深刻的则是安德鲁·韦伯创作的歌剧，我很喜欢他的《猫》和《歌剧魅影》，曾在柏林看过其音乐剧《巴黎圣母院》，也在伦敦观看过其音乐剧《约瑟与神奇彩衣》。此外，勋伯格和鲍伯利共同创作的音乐剧《悲惨世界》及威尔第的《纳布科》，都带给我美好的回忆。还有一次在纽约百老汇剧场，我在美国朋友的邀请下观看了由欧文·柏林创作的新版音乐剧《安妮，拿起你的枪》，从这位"女牛仔"音乐形象的身上曾获得一种别开生面之感。而在我少年时期，也看过中国当代的不少红色歌剧，如《洪湖赤卫队》和《江姐》，以及音乐舞蹈史诗《东方红》等。其中的不少独唱歌曲已成为全民都会模仿歌唱的，同样也是我非常喜欢学唱的曲子。

自高中毕业以后，自己有约四十年没有唱过歌了，给别人的印象也是严肃、古板，好像不食人间烟火一般。有一次与哲学所的赵汀阳聊天，他说起自己参加国际交往活动时发现外国学者比较活跃，有些人甚至多才多艺，而中国学者却显得拘谨，不太放得开，因此给人一种书呆子的感觉。这与我在德国时的感受也颇相同，我身边的那些德国教授能歌唱、会乐器，艺术修养极好。赵汀阳觉得我们学者不应该这样，应需学而不呆，很有必要适时适当地展示中国人的才艺。其实他本人就很有绘画等天赋，在国际学术舞台上也常有其灵动的身影。在认识他之前我就知道哲学所有一个研究人员会男高音独唱，就曾让我羡慕不已。当然，因形势的逼迫和友人的感染，在过往十余年中，我已在不断地改造自我，从内向的性格而变为比较开放、开朗的性格。特别是当遇到一些批评或不顺心的事情时，我更觉得调整心态极为重要，不能太封闭，不要太压抑，也不必太拘谨，而好的生存就需要释放、看开，至少在精神上要振作起来。于是，我无论是遇到高兴还是郁闷的事情，则都有了"当歌"的欲望，让相关情绪得以及时发泄出来，甚至在某些时候还成为人们议论的"麦霸"了。这种宣泄、驱散有利于身心健康，故而不必自我苦恼、自寻麻烦。在闲暇时逛街、去公园时，经常会看到人们在放歌、在跳舞，悠闲自得，无拘无束。于是，自己也受到了感染，舒坦了身心，体悟到这才是中国民众真实的生活、应有的身姿；觉得自己也完全可以摆正心态，理顺心境，在歌声中把担忧、孤寂、感伤、不快等赶出脑际，使之随风飘散，不再淤积在心间。

其实，埋头做学问的学者中也有不少人希望在歌声中得以释放和抒怀。有一次我们在山东开会，来自全国各地的学者们在一起就餐。有几位云南少数民族的学者很想唱歌，却又扭扭捏捏不好意思。于是我大大方方地高歌一曲来抛砖引玉，一下子就消除了大家的心理负担，然后我开始策划组织，邀请各位学者一展歌喉，随之歌声四起，非常热闹，既有云南大学教授优美动听的民歌，也有复旦大学教授科班标准的女高音，更有山东大学教授字正腔圆的京剧。这些学者多才多艺，不知是深藏不露，还是没有机会展示，但这次终于"原形毕露"，成为大家注目的"网红"。事后大家虽然告诉我他们本人还需要在唱歌上进行专业训练，却还是夸我成了"最

佳主持人"。其实，对于我们并非音乐"科班"的学者而言，各种
风格的歌唱就是大家释怀、放松、愉悦并得到陶冶的经历。季羡林
先生曾说，"不管是严肃的文学和音乐歌唱，还是通俗文学和流行
音乐与歌唱，所谓雅与俗都只是手段，而不是目的。其目的只能
是：能在美的享受中，在潜移默化中，提高人们的精神境界，净化
人们的心灵，健全人们的心理素质"。这种心境的收获，才是最有
意义和价值的。

因此，人生该当歌，平凡亦起舞，不必为难自己，更不用自找
麻烦，自讨苦吃。况且，诗言志，歌抒情，人的情感需要释放。在
放歌中也就放飞了自我，获得了精神的解脱和心灵的解放。现在社
会上有一种说法，好像唱歌已是中老年人的行为，显得土气而过时。
我确实不了解如今年轻人的爱好及所思所想，但我真诚地希望他们
不要放弃，不该就此"躺平"，而应怀有平常、乐观之心。歌声尽管
可能就是我们中老年人生命及希望的表征，是"黄昏颂""夕阳红"，
但同样是如此艳丽、格外灿烂。歌声丰富了语言，也超越了语言，
将人的精神带入另一种更高的境界。由此，我们应在歌声中生活，
欢歌也是旺盛的生命的标志。我非常喜欢去龙潭湖公园散步，那里
有不少自娱自乐的老年舞蹈队。有一位老先生经常高歌独唱，吸引
我们驻足倾听，有时候还忍不住和他聊上几句。我也特别向往紫竹
院公园中几支高水平的老年舞蹈队，尤其看到几乎与我同岁的"格
子大叔"轻盈潇洒富有动感的舞姿，我都觉得非常过瘾、为之陶醉。
当然，更应用这种精神激励年轻的一代，让他们鼓足勇气来拥抱旭
日朝阳。年轻人更应该兴趣广泛、性格开朗、清纯阳光。明日的太

阳需要我们用歌声来迎接，要拥有积极向上的精神，有歌声伴随的明天会更美好。面对新的一天、新的世界，我们就要闻鸡起舞，乐观、开朗地对待。尽管生活很严峻，世界极其复杂，人们的忧愁在增加、希望在减少，我们仍然不能自我消沉或彻底放弃。真正压垮我们的不是外部环境，真正需要战胜的是内在的自我。在自己面前，我们要开辟新的天地来迎接阳光，保持一个鲜活的自我。自己印象特别深刻的，就是在藏族、蒙古族，包括我们土家族、苗族等少数民族居住的一些地区，其自然环境非常险恶，人们的生活亦极为困苦，但大家仍然在非常乐观地生活着、奋斗着；尤其是这些民族的歌声乃天籁之音，人们听到的是无忧无虑之情感、自由自在之精神、潇洒无羁之态度，真是已"把寂寞忧伤都赶到天上"，而"让爱的旅途都充满阳光"。这种浪漫，就是让歌声驱走苦寒，带来希望。反思自我，这是迟迟而来的觉悟及觉醒，虽然为时较晚也没有关系。"乐者德之华"，"乐者象之成"，声情并茂的歌声会陶冶人的心性、升华人的境界，提高人的审美情操，带来健康而道德的生活。既然已经开悟，那就让我们在欢乐悠扬的歌声中过好每一天。让自信、坚定、乐观、超脱的音乐旋律伴随好每个人的今天。

五、咖啡与茶

咖啡与茶显示了域外文化与中国文化的典型不同，却也意味着跨文化对话的意义，带给我们一种"香沁醇粹"的体悟。喝咖啡代表成熟稳健，而品茶则显示出飘逸高雅。我在欧洲留学多年，当然很习惯他们的咖啡文化，在品尝咖啡时也领略到这种异域文化的风采与独特。而跨文化意义则可在 2023 年 12 月咖啡入选"2023 年度十大营养热词"中体悟。但整体而言，我更喜欢茶，尤其是对中国茶情有独钟。或许这是一种文化情结，也是一种传统熏染。

（一）咖啡

"咖啡"在阿拉伯文原意指"植物饮料"，16 世纪末传入欧洲，而现在已成为风靡全球的"咖啡文化"。咖啡初入欧洲时曾被一些天主教信奉者视为"魔鬼饮料"，但因教宗克莱门特八世品尝后感觉颇佳而给予祝福，从而使咖啡在欧洲身价倍增，并有"黑色金子"之称。从一开始作为贵族饮料到普及成大众饮料，喝咖啡的人已经越来越多。在这一过程中，出现了专门制作咖啡且非常讲究的咖啡壶和咖啡杯等器具。此外，咖啡的种类与口味也多种多样，包括美式咖啡、意式咖啡、花式咖啡、爱尔兰咖啡、维也纳咖啡、土耳其咖啡、宝蓝咖啡、白咖啡、冰咖啡、康宝蓝、拿铁、摩卡、卡布奇诺、布雷卫等，我一般常喝的是卡布奇诺和拿铁，喜欢加奶而不加糖的口味，偶尔也喝喝意式浓缩（Espresso）。有人喜欢不加糖、不加奶的原味清咖，但我还不习惯。目前我们国家的人们喝咖啡已成为时尚，前不久瑞幸咖啡联手贵州茅台推出的酱香拿铁曾一杯难求，我们是在九华山开会时上街偶遇才得以品尝，味道还是不错。据说此款咖啡还获得了 2023《南方周末》年度影响力 IP 奖。这种酱香拿铁可谓典型的中外文化相遇相融，茅台融入了咖啡，咖啡喝出了酒香，真有想象力。不过，这种酒入咖啡也并非原创。记得"非典"时期我在纽约开会后返京，我乘坐的那班国航头等舱只有两个旅客，因此与乘务人员有更多接触；空姐在给我提供咖啡时就建议我加点百利甜酒（Baileys），一尝果然味道不错，有一股香香的酒味。此后我就常买这款爱尔兰威士忌，主要就是冲咖啡用。所以，百利咖啡与酱香拿铁完全也可以展开中外对话和口感、味觉的对比。

在欧洲社会，喝咖啡不仅是一种生活需求，一种个人修养，也是一种社交方式。因此，咖啡馆是非常重要的公共社交场所，并形成了"咖啡文化"。巴黎即体现出典型的咖啡文化，人们习惯说，法国文化不是靠走马观花的旅游看出来的，而是静静坐在巴黎塞纳河边的咖啡馆慢慢喝着咖啡而品出来的。徐志摩有句名言："如果巴黎

少了咖啡馆，恐怕会变得一无可爱。"据说巴黎塞纳河左岸有三大
著名咖啡馆，即花神咖啡馆、双偶咖啡馆（双叟咖啡馆）和利普咖
啡馆。我曾去过坐落在圣日耳曼大街的花神咖啡馆（Café de Flore），
因产生联想而对刀郎新近推出的歌曲《花妖》情有独钟。我喜欢
"花神"的卡布奇诺和拿铁，更对其历史文化传说感兴趣。这里是许
多法国知识分子的聚集地，也有一些世界名流在此驻足，留下佳话，
徐志摩即是其中的一位。人们热议的"存在主义"思潮、"超现实主
义"发展，都与"花神"关联密切。双偶咖啡馆离花神咖啡馆很近，
馆内烤制的牛角面包非常出名。"双偶"（Les Deux Magots）之名源
自馆中墙柱上的两尊中国清朝人物木雕，据说此地本为销售各国珠
宝和中国丝绸的商店，后来才改为咖啡馆，始建于 1812 年；而名字
由来和当时上演的戏剧《两尊来自中国的雕像》有关，馆中两个木
偶雕像比较怪诞，有夸张丑化之感，因而有人亦将其讽为"两个丑
八怪咖啡馆"；这一解读引起我的反感，故不太喜欢此处。巴黎最
早的咖啡馆为波蔻（Le Procop）咖啡馆，始建于 1686 年，位于巴黎
拉丁区，据说伏尔泰、卢梭、拿破仑都曾来此喝过咖啡，而年轻时
的拿破仑因为付不起钱而留下一顶帽子做抵押，这顶帽子现在仍然
在该咖啡馆的橱窗里陈列，成为吸引人们的一个亮点。此外，巴黎
歌剧院旁边的和平咖啡馆也很有名。法国人喜欢社交，其上层社会
人士还习惯在家中客厅招待客人，大家边喝咖啡边谈天说地，遂形
成"沙龙"之说。中国现在也有"学术沙龙"，但从传统上来说，我
们更愿意称"文人雅集"。

　　在意大利，我慕名去过威尼斯圣马可广场附近的弗洛里安咖啡

馆（Caffè Florian）和夸德里咖啡馆（Caffè Quadri），从广场中心步行过去不远就到。弗洛里安咖啡馆早在1720年就已开业，馆中还有中国厅和东方厅。而夸德里咖啡馆则于1775年开业，以经营土耳其咖啡的威尼斯商人即最初开此馆之主人的名称来命名，据说拜伦曾光顾此咖啡馆，在品尝咖啡之际静思其浪漫主义的构想。这两家咖啡馆充满了意式咖啡浓郁的香味，而且还经常有音乐表演，体现出意大利人的豪爽性格和音乐天赋。此外，意大利那不勒斯既有美国前总统克林顿光顾过的比萨店，而且也有冈布里鲁斯咖啡馆（Caffè Gambrinus），这家建于1860年的咖啡馆据说在世界著名咖啡馆中排名第八，就位于市中心王宫附近特伦托广场旁边。一说甚至意大利总统每年初一都会来此吃早餐，可想其名气之大。

瑞士的名咖啡馆多与爱因斯坦有着缘分。我在苏黎世去过奥顿咖啡馆，据说爱因斯坦曾经常光顾该馆，使之颇具名气。此外，苏黎世的大都会咖啡馆，也是爱因斯坦常来之处。而在瑞士首都伯尔尼更是有爱因斯坦的故居，特别有意思的是，在其故居的一楼现在开了爱因斯坦咖啡馆（Café Einstein），二楼才是爱因斯坦故居博物馆。参观时，人们可以在此安逸地喝上一杯咖啡，那种感觉也是非常奇妙的。

在德国并没有太多非常出名的咖啡馆，可能被啤酒店抢了风头吧。不过，我在柏林也去过一家爱因斯坦咖啡馆，在与德国朋友喝咖啡聊天的时候就谈到了中德民众对爱因斯坦的印象及敬佩之情。在欧洲，英国伦敦的皇家酒店咖啡馆、奥地利维也纳的中央咖啡馆（Cafe Central）也很有名。据传维也纳咖啡由一位马车夫舒伯纳所发明，故而有了"单头马车"的称谓。中央咖啡馆位于维也纳一区，早在1876（一说1860）年就已开业，在19世纪曾被称为"世界咖啡之都"。据说贝多芬、莫扎特、弗洛伊德、列宁、托洛茨基等名人都曾常到此馆。1938年之前，这里曾有许多象棋爱好者光顾，因而曾有"象棋学校"之称。

饮咖啡的习惯是我在英国伯明翰访学时才真正形成的，我们所住的学院有一起喝下午茶的惯例，主要提供咖啡和红茶。我以前并不喜欢喝国外的红茶，但这一年经常在下午喝红茶与咖啡，在加奶的红茶或咖啡中终于找到了感觉，于是对二者都不再排斥。不过，我并不喜欢喝速溶咖啡，而倾向喝现磨或现做的咖啡。我非常怀念以前在香港浸会大学访学或开会的日子，学校的江教授经常给我们煮咖啡喝，他习惯在咖啡中加入炼乳，味道好极了。回国后我在一些学术机构或高校中品尝过它们的咖啡，感觉也还不错，如上海师范大学哲学与法政学院的咖啡室，社会科学文献出版社的咖啡屋，这些咖啡都给我留下了温馨的记忆。中国社会科学院欧洲研究所原所长告诉我，他们会客室的咖啡机煮出来的咖啡也很不错，可惜一直没有机会去品尝。现在我们研究室也添置了一台全新的咖啡机，可以直接用咖啡豆磨出飘香的咖啡。我刚回国时曾带回咖啡豆和咖啡粉，也准备了一个咖啡壶，自己用咖啡壶煮的咖啡真的很香，只是太费时间，后来也慢慢放弃了这一习惯。由于对比鲜明，所以我现在基本上不喝速溶咖啡，但对卡布奇诺或拿铁还是不会拒绝的。总之，咖啡文化显然有其厚重和迷人之处，故此有可能全球普及，导致如今其已风靡世界。

（二）中国茶

和咖啡相比我更喜欢中国茶。从茶中可以喝出中国士人的品位和风骨，也能品出超脱的禅味或飘逸的道韵。各种中国茶我基本上都喜欢喝，颇有"一杯清茶慰岁月，偷得安闲做诗文"的得意。对中国人而言，喝茶不仅可养生，而且能修性。中国茶主要有六大类，即绿茶、白茶、黄茶、青茶、红茶和黑茶。这六种茶有着"悠久的历史底蕴和丰富的文化蕴涵"，而我也都有品尝过的经历。

绿茶是人们最常喝的茶，以西湖龙井、黄山毛峰、六安瓜片、太平猴魁、碧螺春、信阳毛尖、云南毛峰、崂山绿茶、竹叶青、蒙顶甘露等为代表。"绿茶清馨冲口留，香气袅袅伴轻烟"，非常受大众喜欢。龙井茶之名据传源自康熙下江南时在杭州喝到一位茶农敬献的青茶，康熙对此茶赞不绝口并授予茶农"龙井翁"之号，于是龙井茶得以扬名。而在乾隆下江南时龙井茶就成了贡茶，他曾亲自到龙井泉赋诗作联，把狮子峰湖公庙前的十八颗茶树封为御茶，从此留下"天下名茶数龙井，龙井上品在狮峰"之说。我曾去过杭州西湖龙井研究所，在那儿品尝过正宗的龙井茶；我也参观过龙井村及龙井茶区，并到过虎跑泉，用那儿的泉水泡过龙井茶喝，以满足获得"西湖龙井虎跑水"这一西湖双绝的虚荣。我在农村时曾在茶山采过明前春茶，记得那时茶场场长提醒我们在采摘时要珍惜茶叶，还比喻说"片片茶叶就是枚枚硬币"，这是在说明新茶的珍贵。

白茶相对较少，包括白毫银针、白牡丹、寿眉、贡眉、月光白等品种；也可分为福鼎白茶、安溪白茶、资溪白茶、宁波白茶、政和白茶、黄山白茶等。关于白茶的功效，有"一年茶，三年药，七年宝，十年丹"之说，这在福建极为流行。"白茶诚异品，天赋玉玲珑"（宋刘学箕语），白茶给人以不凡身姿之印象；民间亦有"松风吹送白茶香，清香入口如云烟"的赞誉。我喝得比较多的主要是福鼎白茶，其口感颇佳。

黄茶也不多见，有君山银针、蒙顶黄芽、霍山黄芽、远安黄茶、北港毛尖、沩山毛尖、温州黄汤、广东大叶青等品种。黄茶近似绿茶，但因增加了一道"闷黄"的工艺而使其有"黄叶黄汤"之效。这种"茶芽嫩复黄"，"收黄好代茶"的感觉，我在洞庭湖中的君山上也曾遇到。君山是八百里洞庭湖中的一个小岛，与湖岸岳阳楼遥遥相对，据传舜帝的两个妃子娥皇、女英就葬于此地，而屈原在《九歌》中有湘君、湘夫人之称，故得"君山"之名。这里山清水秀，植被极佳，我是来这里游玩时喝到了黄茶，即该岛的黄茶名品君山银针，据此也听说了岳阳乃有中国黄茶之乡的赞誉。宋元绛有"丹荔黄甘北苑茶，劳君诱我向天涯"之说，这也让人在品茶时产生出无限想象。

青茶（乌龙茶）是近些年来非常火的茶叶，可以细分为闽北乌龙，如武夷岩茶、水仙、肉桂、大红袍等；闽南乌龙，如安溪铁观音、奇兰、黄金桂等；广东乌龙，包括凤凰单丛和凤凰水仙；台湾乌龙，如冻顶乌龙、文山包种、高山茶等；四川乌龙，如罗汉沉香等。凤凰单丛中"鸭屎香"最为出名，这种俗名雅意可与咖啡中"猫屎咖啡"之称相映成趣。应该说，近些年来我喝得最多也最为喜欢的就是青茶。喝青茶最佳之地当然是福建武夷山，尤其是其岩茶绝妙无比。在此会有"野泉烟火白云间，坐饮香茶爱此山，岩下维舟不忍去，青溪流水暮潺潺"（唐代灵一诗）的惊喜和飘然。

前两年在福建朋友的陪同下，我们有过一次难忘的武夷山品茶之旅。武夷山是世界文化与自然双重遗产地，不仅生态极好，而且有不少文化名胜。我在此不仅参观了朱熹纪念馆和武夷精舍（张岱年为之题写了"朱熹园"石碑），还品尝了各种武夷岩茶。那次我们曾专门到曦瓜品牌产地品茶，还到瑞泉品牌产地痛饮，茶场主人不仅带我们参观，而且还用金碗给我们沏了最新产品圣匠之茶，我们是既有口福，也大饱眼福。在那里，年轻的主人还让我写了"瑞泉"二字，说他在收集人们书写的品牌名"瑞泉"。特别令人兴奋的是，那次我们还得到去"大红袍之父"陈德华（1941—2020）老先生家里的机会，陈老先生亲自为我们泡他亲手制作的新茶，由此生动且深切地体味了大红袍的真谛，找到了"仙人应爱武夷茶，旋汲新泉煮嫩芽"（元代蔡廷秀诗）的感觉。

关于"大红袍"的来历则可追溯到明朝。据传明洪武十八年（1385），举子丁显进京赶考，不料途经武夷山时突然腹部疼痛，遇到天心永乐禅寺的和尚用其所藏茶叶沏茶给他喝，疼痛随之消失，丁显得以按时参加考试并中了状元。丁显遂回武夷山向和尚致谢，在问得茶叶出处后来到茶树旁边将其状元大红袍披在树上，并围绕茶丛转了三圈以表敬意，故有"大红袍"之名。状元丁显摘取茶叶带回京城，遇到皇后生病却医治无效，遂献上茶叶，皇后饮后身体竟然神奇地康复了，皇上大喜而赐红袍，状元将其带回该茶树所在的九龙窠，将红袍披在茶树上，从此该茶树所出茶叶专供皇宫，而"大红袍"遂升级为贡茶。在此之后据说明朝官员胡濙于明永乐十七年（1419年）留宿天心寺时曾留有《夜宿天心》一诗，写下"云浮山际掩禅院，月涌天心透客居。幽径石寒竹影下，红袍味里夜可无"之咏茶佳句。而胡濙此茶敬献永乐帝也使其敕封天心寺为"天心永乐禅寺"，而此寺之茶则称"大红袍"，留下"大红袍祖庭"之誉。永乐帝还降旨该寺要"精耕勤灌，嫩摘细制，世代相传，岁贡入京"。现任该寺住持为泽道和尚，我们在武夷山时也听到不少关于他的神奇传闻。这些传说使武夷山九龙窠的三株大红袍有了神奇意义。在历史的流变中，可能有人移植，这三株大红袍增为四株，而在20世纪80年代当地茶科所又从原有三株上移植培育出两株，故有今天九龙窠六株大红袍之景。

之所以称陈德华先生为"大红袍之父"，是因为他观察、研究、繁育该茶而使大红袍得以普及，成为千家万户的茶饮。我到过九龙窠参观了在其岩壁上的这六棵茶树，据说年产量最多不过几百克，在拍卖市场上20克茶叶就曾拍出近16万元的高价。1972年尼克松访华，毛主席送给他四两产自这几株树上的茶叶，据说尼克松不知其珍贵还觉得毛主席有点小气，周总理获知后告诉了尼克松真实情况，并说"主席已经将'半壁江山'奉送了"。尼克松这才恍然大悟，并对毛主席非常敬佩、感激。早在1958年，陈德华先生就读于福建长乐一中时，就看到了他的美术老师陈礼调在武夷山写生所画的三株九龙窠大红袍。1964年春，陈德华陪同福建茶叶研究所谢庆梓等二人到九龙窠剪取那棵母本大红袍枝条回福安移植。20世纪七八十年代，陈先生更是主持了武夷山著名岩茶的发掘、研究和繁育推广工作，此间他于1985年参加福建省茶叶研究所五十周年庆，借此机会他第一个"秘密"带回该研究所培育的五株大红袍母本茶苗，并带到他熟悉的武夷山茶科所种植。在他的努力下，不久首批大红袍小包装投放市场，收效巨大。1990年，他请中国著名茶人陈椽教授题写"大红袍"标识，从此大红袍普及开来，由原来的贡茶成为武夷山地方岩茶品牌，得以让普通人也能够一饱口福。那次陈德华先生非常热情地接待了我们，他不仅亲自为我们煮水沏茶，而且还赠送我们周圣弘编著的《陈德华与大红袍》一书，让我们收获满满。

此外，我对冻顶乌龙最深刻的印象，则是我去台湾访问时在日月潭涵碧楼喝到的迎客茶。那时刚入住酒店，服务员就端来一杯乌龙茶请我们品尝，它的清香迄今仍在我鼻翼间缭绕。有一次我无意在办公室发现了一盒已过期多年的铁观音，本想沏一杯尝尝再扔掉，不料其香浓郁、口味极佳，故将其留下，直至慢慢喝光。在品茶上给我留下美好印象的，还有我们社科院宗教研究所理论研究室，这是学者们习惯聊天的茶室，室主沏茶如做学问那样认真、娴熟。在这里我也品尝到不少大家各自收藏的优质大红袍、铁观音等好茶。

红茶亦是普遍受到欢迎的品种，恰如唐代司空图所言，"景物诗人见即夸，岂怜高韵说红茶"。其品牌包括正山小种、祁门红茶、滇红茶、宜兴红茶、金骏眉、银骏眉、闽红工夫（包括政和工夫、白琳功夫和坦洋工夫红茶）、云南工夫红茶、玫瑰蔷薇红茶等。红茶是下午茶的极佳选择，其性温而暖胃补气，生津清热，好处颇多。我一般上午喝绿茶，下午则改喝红茶。对于 2005 年才研制出来的新品种金骏眉，我是在河南郑州首次喝到的。本来一位来自福州的老朋友要请我与他在郑州共进午餐，但我在少林寺被住持永信大和尚热情挽留一起吃斋饭，故我到郑州后那位朋友改请我喝下午茶，所沏之茶色泽金黄，香气扑鼻，入口甘爽，回味无穷。我一打听，才知这是新问世的金骏眉。

"黑茶一枝花，桑香溢万家。"黑茶中以云南普洱茶最为出名，而最近湖南的安化黑茶亦脱颖而出，有"一杯安化黑茶，尽显山水之灵，口口生津，回甘无穷"之赞。此外，广西六堡茶、蒲圻老青茶、南路边茶和西路边茶等，也都属于典型的黑茶。我习惯晚上喝点普洱茶，其好处是不影响睡眠。有一段时间普洱茶广受欢迎，供不应求。随后则是安化黑茶流行，与普洱茶各领风骚。黑茶的好处就是可以长久贮藏，在百年时限内越久越香。其茶汤金光明亮，其味道则充满陈香，给人带来品茶意韵的厚重之感。黑茶被视为"茶中之皇"，其位至尊，在《论茶》古诗中有"黑茶如铁龙戏雾，白鹭下江南莫羞"等评价。我曾去过云南西双版纳勐海县的普洱茶古茶山，见过那里的千年茶树。就普洱茶的口感而言，其熟茶、生茶各有特色。而保存生茶，待其渐成熟茶后再品饮，则会发现其口味的神奇和绝妙。

除了上述六大茶系，还有一些茶亦各有特色，包括再加工类型的茶，如花茶，有茉莉花茶、珠兰花茶、玫瑰花茶、菊花茶等；有保健效果的药茶，如莓茶（即我家乡的茅岩莓茶，亦称茅岩青霜茶、青霜古藤茶、土家甘露、土家神茶、龙须茶等，其润喉、保护嗓子的效果极好），苦丁茶、绞股蓝茶、参茶、沉香茶、熊胆茶等。从制茶工艺上来看，属于紧压茶的则有黑砖、茯砖、花砖、方茶、饼茶、沱茶等。在分类上还有未经熏花的茶，即所谓素茶，以及古代朝贡皇宫的茶，通称贡茶。我喝过花茶，如茉莉花茶、玫瑰花茶、菊花茶等。如果纯为花泡出来的茶则不被视为严格意义上的茶。有些特殊群体按其信仰禁忌不允许喝茶，但菊花茶、玫瑰花茶等就不属于此类禁忌，因为从理论上讲，这是尝花而非品茶。我常喝的茶则是茅岩莓茶。有一次我们社科院的学者到张家界开会，给大家泡的就是茅岩莓茶，当时都觉得口感不错，回味无穷，临走时我就买了两斤带回北京，从此也喜欢上了这种土家甘露，并有一种特别的感觉。此外，我也喝过苦丁茶、绞股蓝茶、参茶和沉香茶，但印象并不那么深刻。

"嫩芽香且灵，吾谓草中英。"（唐代郑遨诗）茶是有灵性的植物，通过饮茶可使人与天地通，对人世沧桑也能大彻大悟。中国文人在品茶之际也能比较冷静地谈天论地、指点江山、品味人生，故而形成了各种雅集传统。所以说，拼酒是一种豪爽，品茶则表现出雅致。于此，"汲水煮茶气味清，一饮人疑有仙骨"（清代周圣教诗），而"萧萧石鼎煮茶声"（元代马臻诗），却使"高人惯识人间味"（明代张以宁诗），达到人与自然的沟通，以及超越人生的情怀。这里，通过品茶而达到静心自悟，显然就体现出别具一格的茶道。

（三）茶道

直观而言茶文化有茶艺的表现，而从深层意义上则表达出茶道。茶艺突出泡茶和饮茶的技巧，而茶道则指在对茶的品鉴中获得的美感、形成的礼仪，以及所养成的以茶修身的习惯。这种茶道精神乃茶文化的精华及核心。我看过茶艺表演，也听过有关茶道的讲座，但因为个人实践较少，所以仍然没有得其要领。除选择茶叶外，不同的茶还需要不同的茶具、不同的水温（如泡绿茶、红茶的水温有不同）、不同的冲茶泡茶方式（如注水的轻柔，开水快出还是慢出），以及不同的饮茶之道，因此非常讲究。在茶具上，需要选择合适的茶炉、茶壶、茶碗、茶杯等，此外还需准备人们常说的茶道六君子，即茶则、茶针、茶漏、茶夹、茶匙和茶筒。在识茶、泡茶的基础上，对茶的感觉则包括吃茶、嚼茶、喝茶、饮茶、品茶、啜茶等不同层次，无论是细啜慢尝，还是大声啜茶都有讲究或说法，并非随心所欲，由此才可能透彻把握茶之精髓所在。在长期的文化发展中，茶成为中华文化的重要建构，人们借品茶而品味人生，在喝茶中达到各种精神启迪，由此方可体悟赵朴初之诗"七碗爱至味，一壶得真趣。空持千百偈，不如吃茶去"。

在进一步的了解中，则会发现茶道不只是停留在表面、直接的茶艺层面，还需达到更高层次。人们喝茶不只是物质追求，而更追求一种精神享受，故形成中国人具有雅趣、追求超脱的茶文化。所谓茶道就是通过沏茶、赏茶、闻茶、饮茶来修身养性，培育美德，形成高雅的生活，养成优雅的情趣，获得崇高的境界。作为一种文化，品茶的环境、泡茶的过程也很重要。这种饮茶氛围的改善，包括添加赏花、焚香、听曲等内容；当然，如果有古琴在旁边演奏，则会增加更多的雅趣。泡茶的过程往往也具有表演的性质，沏茶的人士着装典雅，姿势优美，其本身就带来了许多审美意蕴。有一次我故意刁难地问茶艺表演的小女孩，其夸张的沏茶姿势能增添茶水的香味吗？不料她非常机敏地反问道，"难道您不觉得更赏心悦目吗？"的确，她轻柔地注水、优雅地端茶，让人颇感舒适惬意，让品茶者也受到感染，很注意自己细啜慢尝的形象，举止随之更为文明。据说茶道要求品茶者和、静、怡、真，而人们可以达到的则有惰茶、醒茶、隐茶、议茶、食茶、入茶、嗜茶、悟茶这八种不同境界。因此，喝中国茶不只是简单地享受某种饮料，而是一个学习文化、提高境界的重要过程。

我观看过日本的茶道，也在社科院宗教研究所举行的中日佛教会议期间认识了一位获得日本茶道博士学位的女士，她给我们介绍并表演了日本茶道。但我总觉得日本茶道虽然学自中国，却没有真正体现出中国茶道的精华。日本茶道在我看来过于烦琐，形式大于内容，过程重于结果，而最后所尝之茶却达不到我所期望的口味，这样反而失去了茶道的真谛。当然，中国茶道也有一些基本要求和礼仪程式，但更注重的却是道法自然、精神体悟。这种茶道在禅修、道化上得到提升，其形式也超越了品茶的范围。虽然中国传统茶道似乎有流失的危险，却在近些年来获得某种具有创新意义的复兴。例如，山东博山正觉寺方丈仁炟法师近些年来组织了多场禅修茶道音乐会，在国内外广有影响，引起人们的极大兴趣和关注。他也多次邀请我观看这些禅修茶道的表演，体悟茶禅一味的意境。他认为，"禅修茶道是集禅修、茶道、禅诗、禅乐、养生为一体的综合文化表现形式"，以此则可"达到宁静身心，颐养性情、领悟禅的精神内涵、提升人生境界之目的"。在多次参加禅修茶道音乐会后，颇有一些感触。因此，茶道于此已经不再满足于"吃茶去"，而是讲究"悟禅去"了，在中国文化传统中则是要彰显"精行俭德"的茶道精神。此外，我也出席过一些儒家书院组织的雅集，品茶的文化在其中亦占有很大比重。不言而喻，这些创新在仪式感上取得了重要突破。但感到遗憾的是，中国茶道整体来看在现代社会乃隐而不显，尚没有在民众中得以普及，所以还在期盼它在品茶意义上的真正复兴。在强调弘扬中华优秀传统文化的今天，我坚信传承优秀传统的中国茶道一定会重放光芒、惊艳世界。

六、琴棋书画

（一）琴

琴棋书画是中国古代文人必备的基本技能，如此方被称为雅士。不过，现代知识分子多已没有这些素养，我深感惭愧。尽管没了这种能力，自己对其仍是极为敬佩；因此，对有关这些方面的人与事会比较关注。

按照中国传统，琴以古琴（亦称瑶琴、玉琴、七弦琴）为代表，在中国已有超过三千年的历史，传说与中华民族的先祖有关，留下了伏羲、神农、炎帝、黄帝、尧舜等作琴的神话，而《诗经》对琴也记载颇多，有"琴瑟友之""鼓琴鼓瑟"等音乐场景的描绘。从此，中国文人就有着"浊酒一壶，素琴一张"的雅兴，且在孤独时也有"欲将心事付瑶琴"的精神抚慰，可以"独坐幽篁里，弹琴复长啸"（唐代王维诗）。

我与当代古琴大师李祥霆教授在国际文化交流理事会上有过一

次偶遇，从此比较关注他及其演奏古琴的消息。前不久他女儿李蓬蓬为法国总统马克龙演奏了古琴名曲《流水》，引起了轰动。"高山流水"寻觅的是知音，表达的乃境界。我也有学者朋友学习古琴，我所的周教授就曾拜著名学者楼宇烈先生为师学琴，此后还在我们单位演奏并讲解了古琴文化。楼先生是我非常敬重的长辈，因为专业接近而彼此很熟，保持着长期交往。楼先生不仅是做学问的专家，而且多才多艺、温文尔雅，在业内乃大家敬仰的楷模。记得他曾在北京大学专门讲过《琴艺与琴道》，指出，"学过琴的人都会在琴里面感受到人的一种安静、专一、中正的东西，所以中国的艺术不是简单的技艺，而是通过技艺引导你的兴趣。中国的古琴能够帮助人养成这种敬意"。在他的支持下，北京大学古琴社和教工昆曲古琴协会的活动有声有色，开办了古琴班、工作坊，以及古琴雅集等活动，楼先生还专门为其题字"抚琴养心"，鼓励这种高雅艺术的推广。此外，中国昆剧古琴研究会会长田青先生也是我熟悉且值得尊重的学者，过去在相关研究领域曾有过交往及合作。

为了加深对古琴的印象，我所周教授曾专门带我们参观了北京郊区的古琴制作场，在那儿我们欣赏到几位古琴艺术家精湛的表演，其表演给我们留下了极为深刻的印象。由于自己是外行，不敢与古琴界的专业人士太接近；虽然敬而远之，却也喜欢获得这方面的知识和信息。例如，2023 年 12 月 8 日上海音乐学院"琴学专题研讨会：今昔与未来"暨古琴演奏会的报道，就让我非常兴奋。而在我们专业研究领域内，我则极为欣赏和赞成学者研习及演奏古琴。我特别高兴的是贵州大学哲学系的张教授发起成立了溪山琴社，并在学校及中国文化书院组织了各种琴社活动及"溪山琴韵""溪山雅韵"等雅集。张教授本是研究因明逻辑的，但才华出众，既能抚琴，也会吹箫。几年前在我们本专业昆明研讨会上，我还专门请张教授为大家演奏了古琴。我们这一学术研究领域喜欢古琴的学者还真不少，在 2023 年"第三届九华山论坛"上，我获知会议联络者、中国艺术研究院的黄女士是古琴爱好者，以及他们有一个相同爱好的群体之后，就特地请她及其师弟在晚上讨论会休息期间专门为我一个人演奏了古琴，我听到了很多美好的曲目。会议结束后，他们在 10 月中旬又组织了"山林之乐：癸卯九华山古琴线上音乐会"，我知道后也在手机上观看了他们的表演，过了一把古琴音乐瘾。

在广州仁炟法师组织的禅修茶道音乐会上，我结识了中国著名琵琶演奏家方锦龙先生，他被视为"最牛的琵琶精"，精通 300 多种乐器，曾荣膺"2021 中国十大品牌年度人物"。他不仅琵琶弹得好，而且还告诉我，他非常喜欢收集世界各地各民族的民间乐器。据说他所收藏的各种乐器已有上千件，他甚至还琢磨相关乐器应该如何演奏，从而无师自通，真是有着惊人的音乐天赋。我曾参观过一个大学博物馆收藏的各种民族乐器，但估计其数量可能还不敌方先生一人所藏。喜爱音乐，以琴声相伴人生，这是中华文化中值得弘扬的重要元素。随着社会交往的重新展开，音乐活动应该得到鼓励和支持。我们的民众应该多才多艺，我们的生活也需多姿多彩。而在推动、普及这种音乐教育上，中国的知识群体则应当仁不让，走在前列。

（二）棋

下棋也是一种充满文化内涵的爱好。我曾学过下象棋，但进步不快，现在也基本放弃了。必须承认，我在棋艺方面是非常弱的，虽然下过五子棋、军棋、象棋和国际象棋，却基本上没有入门。有一次我去德国马堡大学访问并应邀到鲁道夫教授家做客，教授妻子告诉我，她是在中国广州出生的，年轻时曾打过麻将，并问我会不会打麻将。这一下子就把我问住了，因为我那时还的确没有摸过麻将。回到慕尼黑，等我博士答辩通过后，我还真花了几天时间请当地的中国留学生教我打麻将。虽然表面上我似乎学会了打麻将，但回国后上桌一试就发现自己水平不行，加上各地游戏规则不同，从此也就放弃了打麻将。而在打扑克牌及掼蛋游戏上，自己也基本上是门外汉。当然，我也不打算学习这些娱乐活动了，还自我解嘲地对人家说，本来自己觉得智商还可以，但一掼蛋就马上发现自己是笨蛋。既然自己在这些娱乐活动中起步太晚，那就干脆放弃了。

在各类棋中，围棋应该是最有中国品位的棋类，也是在中国最深入人心的棋类，被视为最复杂的智力博弈活动之一，故而乃"琴棋书画"之中"棋"的最典型代表。围棋起源于中国，已有四千多年的历史，有"尧造围棋，丹朱善之"（见先秦典籍《世本》）的传说。围棋古称"弈"，本为教人脱愚之术，可惜我没能学会。围棋乃中华民族古代智慧的象征，精其理者必为大智，故而传承至今，而且被其他许多民族所研习，在当代日韩甚至有"青出于蓝而胜于蓝"之势，现在更有机器人棋手的横空出世，使不少围棋高手不知所措、铩羽而归，所以也不知其未来发展会走向何方。我刚回国时因为没有住所而曾借住在东直门附近一个党校培训中心的教室里，该机构负责人葛康同先生经常与我聊天，谈话内容主要是心理学和围棋。他是电影《一盘没有下完的棋》的编剧之一，自己也很会下围棋，从他那儿我也获得不少关于围棋的知识及故事，并且看到了围棋爱好者的执着和坚毅。2023年我曾去少林寺访问，竟然发现这座以少林武功而天下闻名的寺庙也成立了少林棋院，组织了围棋比赛，并吸引了不少围棋高手参加。我们在此遇见了少林棋院院长释延勇，听他介绍了"以弈入禅"的创意，颇觉耳目一新。这年8月，少林寺还组织了首届中国禅棋大会暨第四届少林·黑白决围棋公开赛，吸引了聂卫平、常昊、王汝南、刘小光、陈扬、武宫正树等中日围棋高手来参加。这刷新了我对少林寺的了解，我与少林寺方丈释永信已认识很久，也一直认同他创立"少林学"的努力，强调其禅宗祖庭应该在禅学上有独特贡献，以达到少林寺"文武之道，一张一弛"的平衡。而这种"以弈入禅"的倡导无疑体现了他禅学发展的匠心独具，另辟蹊径。

在读硕士研究生时，同学们在宿舍经常下象棋，我曾偶尔参与，凑凑热闹。但看到一些同学因为输赢或某一步棋而争得面红耳赤，我后来就不再参加了，以避免争执。来研究所工作后，我发现所里有不少人喜欢下围棋。在返所工作之余，一些科研人员往往会围坐在一起，或是下棋，或是谈棋，而在彼此博弈时大家棋艺相当，所以就谁都不服谁，幼稚的争论也时有发生。但没有想到曾经的热闹最终归于沉寂，研究室往日博弈的场景也不再出现。究其原因还是自尊心作祟，因为一位业余女棋手的出现终止了往日的喧嚣。这位小姑娘是大学的围棋特长生，具有业余六段的水平。她来单位后就成为同事们下围棋的对手，但没有想到这么多"老爷们"竟然都不是这个小姑娘的对手。几个回合之后，大家只好服气地偃旗息鼓，但很可惜的是研究所从此也就失去了过去的热闹。

对于围棋高手而言，选用好的棋子、获得好的手感也十分重要。我最近去云南保山进行社会调研，有机会去著名的围棋棋子"永子"产地参观学习，收获颇丰。保山古称永昌，其所产围棋棋子有"永昌棋子"之誉，故简称"永子"。"永子"是明代李德章（1481—1540）于1512年所发明，其后裔李国伟（1977—　）现为"永子"第十二代传承人。据说李德章本为京城朝廷某珠宝仓库的司器，因仓库失火而被削职为民，回到老家永昌。在仓库失火后他发现熔化的珠玉经浇水凝固后呈现出晶莹透亮的色彩，由此启发他有了炼制高档围棋子的创意。他采用家乡特有的南红玛瑙、黄龙玉、墨翠等多种天然矿石，历经多年反复研制，最终成功炼出"永子"这一驰名天下的永昌瑰宝。1539年，嘉靖皇帝敕令"永子"为上贡物品，从而使其获得国宝级显赫的地位，有着"永昌之棋甲于天下"之说，从此让围棋爱好者趋之若鹜。"永子"乃由李德章家族用保密配方及绝技熔炼、传统手工点"丹"而成，我们亦在保山"永子"炼制现场目睹了其点"丹"过程，甚为震撼。制成的棋子乃"质坚色润、细腻如玉、触子心舒、冬暖夏凉、隽永神韵"，被公认为"棋中圣品"。中国围棋高手，原中国棋院首任院长、中国围棋协会主席陈祖德（1944—2012）有"国宝永子，棋中圣品"的题词盛赞。

我曾参观过一些寺庙和书院的棋室，深感其布置的高雅和气氛的幽静，给人带来崇敬之心。棋如人生，在跌宕起伏中能够做到伸缩自如、处乱不惊，这是一种不凡的境界。棋局也同人的处境那样扑朔迷离、变化莫测，既会有乐极生悲，也可能柳暗花明。真正的高手在面对错综复杂之局时会淡定如常，不露声色，泰然处之，胜则理所当然，输亦情有可原，有时还会给人一种虽败犹荣的感觉。常言道，"棋局棋路谁能悟，落子乾坤皆在心"，在棋局中没有常胜将军，人生的辉煌亦如过眼烟云。因此，围棋的黑白之子已给人带来许多启迪，包括赢输、胜负、生死、顺逆、升降等，象征着人生的风云变幻，命运结局。人恰如"诗酒琴棋客"，会面对"风花雪月天"；所以，既可棋观人生，也要有命运如棋局的平常心。

（三）书

书于此指书法，即中国人书写的技艺。我对书法向往久矣，却一直无暇真正顾及这一练习，实在惭愧。中国书法是汉字独特的表达艺术，无言却有情，故乃"无言的诗，无形的舞，无图的画，无声的乐"，以其独有的造型而展示了"意与声之迹"。书法之源有许多传说，如伏羲发明"龙书"，黄帝推出"云书"，少昊作"鸾凤书"，高阳氏有"蝌蚪书"，陶唐氏的"龟书"等，此外还有"虎书""鱼书""虫书""麒麟书"等说。实际上，中国书法基本上在秦朝已经初具规模，随之发展为中国特有的书法艺术。在其历史沿革中，先后出现过甲骨文、金文（钟鼎文）、石鼓文（即石刻文，因其刻石外形似鼓而得名）、简帛朱墨手迹等，最后集中体现为篆书（大篆、小篆）、隶书（古隶、今隶）、楷书（魏碑、正楷）、行书（行楷、行草）、草书（章草、小草、大草、标准草书）这五类字体，成为书法家常用的书写方式，体现了中国文化特有的"神、气、骨、肉、血"。

甲骨文和商周金文称古文，在李斯实行"车同轨，书同文"政策之前古人使用的字体则称大篆，而秦朝流行的秦篆（小篆，亦称斯篆），乃是根据李斯等"取史籀大篆，或颇省改，所谓小篆者也"（《说文解字·叙》），本来基于金文和石鼓文之字形，后得以扩展，开始真正意义上的书法发展，因此《说文解字》概括有："秦书有八体，一曰大篆，二曰小篆，三曰刻符，四曰虫书，五曰摹印，六曰署书，七曰殳书，八曰隶书。"这些书法形式保持至今，成为书法家大展才艺的手法。

篆书即篆体，传说仓颉造的字就是篆体，但已无法考证。"篆"的本义为"传"，"传其物理，施之无穷"。其广义包括金文、石鼓文、六国古文、小篆、缪篆、叠篆等，狭义则指大篆和小篆。大篆即包括秦统一之前的文字造型，如金文、籀文、六国古文等，因多录于字书《史籀篇》，故亦称籀文，其代表字体为石鼓文；小篆即秦国统一天下后的通用文字，为大篆的简化，故而也有秦篆之说。随着秦朝统一文字，篆书成为官方文书的通用字体，称为橡书。以小篆为代表的篆书字形修长，线条均等，且给人上密下疏之感，有"玉箸篆"之说；篆书还有圆笔、方笔之别，以圆笔为主，"篆尚婉而通"，突出体现在秦刻石字体上；方笔乃秦篆的俗体，以秦诏版权量（秦朝刻在秤锤以及升、斗上的诏书）为代表。唐朝时李阳冰改秦篆上密下疏的字体结构为上下均等的字形，故有线条纤细、骨质感官的"阳冰篆书"问世，形成"铁线篆"的风格。现代书法家写篆书基本上是在模仿的基础上而有其个性化的创新；篆字对常人而言如不借助字典已很难辨认，在书写上"曲高和寡"，故而不再具有通用文字的功能，只是被作为书法家的艺术创作来流行。我曾对照字帖摹写篆书，颇感费时费力，故难持之以恒。

　　"隶书，篆之捷也。"隶书由篆书发展而来，始于秦朝，在汉朝达到高峰，故有秦隶、汉隶之说。其对书法的影响，在"汉隶唐楷"之论中已充分说明。我的朋友鲍贤伦是当代中国隶书界的领军人物，他给我们同班的每一位同学都赠送过其书法作品，我也曾到杭州他的工作室专门拜访过他，对他的书法造诣极为敬佩。2014年6月12日，我参加了鲍贤伦在中国美术馆举办的"我襟怀古，鲍贤伦书法展"的开幕式，比较系统地欣赏到他的书法作品，深感震撼。其书法从"梦想秦汉"的追本溯源，到"我襟怀古"的时代创新，气势磅礴、蔚为大观，充分体现出"古朴汉隶"的精髓。他强调自己的书法要体现出"最入古"和"最风格"两大原则，其中"最入古"即要深深地入古，主体性入古，以突出深造高古、直承汉隶的传承，由此充分展示隶书的古艳之美；而"最风格"则要显示出古方新的发挥，有"隶书写我"的主体特色和古今交融。鲍贤伦的书法乃纵心奔放，恣意豪迈，有着笔力雄健、笔法飘逸、笔墨有情的深厚功力。而且，他进而追求一种技进乎道的境界，强调书法如人生，要具有"温柔敦厚"的"人格气象"和"人格修养"，体现出"道德修身"和"文化积淀"的厚积薄发、精神意向。同理，只有具备深厚的文化涵养，才能看懂并体悟鲍贤伦汉隶书法的万千气象。

　　楷书亦称楷体、正楷、真书、正书，是当代人学习书法的基础。楷书由隶书演变而来，其特点是"横平竖直"、中规中矩。楷书乃魏至晋唐普遍流行的书法，按其时间发展顺序来看则先有魏碑、后呈唐楷。"魏碑书法，上可窥汉秦旧范，下能察隋唐习风"（钟致帅《雪轩书品》），流行于魏晋南北朝时期。唐楷即唐朝以来风行的书法，盛名于楷书"四大家"即颜（颜真卿）、柳（柳公权）、欧（欧阳询）、赵（赵孟頫）。此后宋朝苏东坡发展出丰腴圆润的"苏体"，形成"唐书重法，宋书重意"的分殊，各领风骚。而宋末元初的赵孟頫则创立了"赵体"，开始了从楷书往行楷的演化。随着楷书的确立，古人学书法强调如下规律，"学书须先楷法，作字必先大字。大字以颜为法，中楷以欧为法，中楷既熟，然后敛为小楷，以钟王为法。"钟即钟繇，曹魏时期的小楷创始人。而王即王羲之，为东晋"书圣"，其楷书、行书和草书都卓有成就，尤其在行书上独占鳌头，其《兰亭集序》乃有"天下第一行书"之誉。在小学时班上有一位俞姓同学小楷极佳，班主任对之评价很高，使其成为全班学习书法的楷模。当我进入中学后，全校极为推崇一位老师的中楷，其隽秀高雅，清丽灵动，给我留下深刻印象。当时几乎所有学校公告文书都请他来写，尤其他用红纸金字书写的毛主席语录，张贴在每个教室的墙外，极为醒目，也成为学生模仿的样板。至于书写大字，则因当时流行的"大字报"而泛滥，却也让大众无意中练了书法。我曾临摹过颜真卿、柳公权和苏东坡的字帖，虽想采众长却未得真谛，而后来看到赵孟頫的书法亦极为喜欢。在现代书法家中，我多次临摹过沈尹默的字体，但可能根本就谈不上会有皮毛之沾。对于古今书法家的作品，我是仰其高但畏于攀，只能心向往之，梦里萦绕。此外，我也很喜欢赵朴初、启功的书法。为了让我的母校顺利专升本，我曾因母校校名而专门向赵朴初先生求过字，没想到先生非常爽快地答应赐字，这令我非常激动。而后来当母校改名之后，我又得到我院原领导给母校的题字，深感荣幸。我在北京和四川还认识了曾来德、魏殿松等书法家，并获得了他们的墨宝或题字，特别是魏先生为我们"擘雅"品牌的题字给大家的努力起了锦上添花之效。

行书介乎楷书和草书之间，因书写快于楷书故有"行走"之意，给人行云流水之感。行书分为行楷和行草两种，显示向楷书或草书的偏重。草书即"潦草"之笔，分为小草和狂草（大草），其笔势连绵、天马行空、龙飞凤舞、不拘一格、随心所欲，让人觉得眼花缭乱。对于行书和草书，我基本上没有尝试，因为自觉根底太浅，在书法学习上不敢未走而先跑，鲁莽之飞势必会跌得很惨。当前社会上草书泛滥，我很不认同。一些所谓狂草不过是不懂书法的疯子而为，故不足挂齿。当然，也有一些"丑书"看似颇丑，若仔细鉴别却会发觉其别有洞天、深藏意涵，并非没有根基的随心所欲，而是蕴有尝试回归原初古朴的独到匠心。质言之，对待书法必须严肃，不能随心所欲、为所欲为。如果没有练好书法的基本功就任意狂草，那是对书法艺术的亵渎。这种书写需要循序渐进，不可一蹴而就，其过程则为"临于池，酌于理，师于物，得于心，悟于象，然后始入草书妙境"（李志敏语）。看看那些草书的杰作，其书法家都有着深厚的书法功力，亦基于长期的生活经历和书法实践。在西安出差之际，经朋友介绍我有幸认识了书法家何炳武先生，他算是我们社科院的同行吧，曾担任陕西省社会科学院古籍研究所所长、中国书画研究中心主任。他不仅书法很好，而且还从事书法写作研究，著有《书法与中国文化》《历代书法名作鉴赏与临习》等著作，论及书法与哲学、书法与儒佛道、书法与文字、书法与绘画等。我们一见如故，畅谈甚欢，他的行草书写流畅欢快，是我非常喜欢的艺术风格。他还为我书写了"擘雅德君"等，让我获得意外惊喜和收获。中国书法是中华文化的独特瑰宝，因此，对于中华优秀传统文化重要组成部分的书法，我们既应有一种神圣向往之情，在练习时也需要有非常严肃和敬畏的态度。

（四）画

书法与绘画在中国文化传统中有着密切关联，不少画家同时也是书法家，这在传统国画领域尤为典型，国画就是基于书法用笔发展而来的。国画源自汉代，从象形文字扩展而成，据传可以追溯到"伏羲画卦"，故可与"仓颉造字"相提并论。但一般认为东晋顾恺之乃"中国画始祖"。最初在中国文化传统中文与画并无歧义，而有"书画同源"之说。传统所指之国画即以毛笔蘸水、墨和彩在绢帛或宣纸上作画，尤其是依此而加以装裱的卷轴画，其题材包括神鬼、人物、山水、草木、花鸟、百兽、楼阁等，而其技法则分为具象和写意。具象画最为典型的就是工笔画，在"取神得形，以线立形，以形达意"及"以形写神"上努力"尽其精微",要求"有巧密而精细",故亦称"细笔画",非常耐看,精细之处别有洞天,微观之中寰宇呈现。而写意画则不拘一格,基于骨法用笔,气韵生动,因而浓淡干湿皆有理,随心所欲自成趣。这种大写意的艺术效果带来了朦胧美、梦幻感,给人无限想象的空间,故而是以"纵笔挥洒,墨彩飞扬"来"穷丹青之妙",体现"画中有诗,诗中有画"的创意和景观。对于工笔画和写意画,我都非常喜欢,因为能够从中找到各自的精华和妙趣。

我最初接触国画是来北京之后,当时曾去各大博物馆和美术馆参观,也偶尔逛逛琉璃厂文化街,荣宝斋特别吸引眼球,各种国画作品令人目不暇接。在德国留学时,我们结识了国画大师梁树年先生,他也是著名的书法家,曾为毛主席纪念堂、人民大会堂、政协礼堂、国务院办公厅、中央电视台、中国外交部等场所作画,影响深远。梁先生在北京办的画展被德意志银行总裁看中,梁先生被特别邀请于1986年10月到德意志银行总部所在地慕尼黑办画展。由于梁先生是国宝级画家,他的每幅作品都被中国海关登记在册,慕尼黑画展结束后必须悉数带回。其画作尤以山水画见长,他也喜欢到各地的名山大川写生,以积累素材。在慕尼黑画展举办之际,他还到郊外的巴伐利亚州乡野山间游览写生,并在画展期间画了一幅巴伐利亚山水图送给当地博物馆收藏。因意犹未尽,他还特别写了一首诗作为纪念:

十月巴伐利亚州,秋花秋叶胜春稠,

不疑天公故如意，尽把丹朱染树头。

在此次画展期间，我们邀请梁先生来家中做客。我夫人特意包了饺子招待梁先生，作为老北京人的梁先生非常高兴，说在异国他乡还能尝到家乡的味道乃意外惊喜。我用相机把梁先生送给慕尼黑博物馆的画作拍照留存，他也专门给我们画了一幅小画，并把上述小诗书写下来赠给我们，这样使我们保留下了梁先生的珍贵墨宝。

回国之后，我作为国际文化交流中心的理事曾与一些著名艺术家同室开会、同桌吃饭。其中就包括我非常仰慕的国画大师崔如琢等人。我看过崔先生的不少画作，包括被人民大会堂作为背景画的那幅巨作《荷风盛世》等。虽然同为理事，但我不是艺术圈内人士，故没敢贸然与之接触。那时我还露了怯，幸亏当时没被人察觉。我们同桌吃饭的还有马未都先生，当时有工作人员拿其著作请他签名，我因孤陋寡闻而悄悄地问工作人员马先生是哪个方面的专家，工作人员惊讶地望着我说道，你没有看过他在央视《百家讲坛》和北京卫视的节目？后来我才知道马先生有着"京城第一收藏家"的美誉，是大名鼎鼎的"马爷"！

我曾应国家博物馆邀请先后参加过 2015 年"学艺融通——饶宗颐百岁艺术展"，2016 年"山高水长——陈佩秋、照诚书画联展"的开幕式，对国画、书法有了大开眼界之感悟。饶宗颐先生在许多领域都获得极高成就，既是国学泰斗，亦是书画大师，有着"学艺相辉"的一生。陈佩秋则有"卧枕宋元、融汇中西"之誉，她的作品"深情雅致，古韵新意"，在书画领域造诣极深，乃享誉艺苑的

"健碧"（其作品落款笔名，取杨万里的"健碧缤缤叶，斑红浅浅芳"之意）。我是在上海龙华古寺访问时认识的照诚法师，这位高僧大德的书法匠心独运，颇具禅意。其实在佛道界有不少书画名家，弘一法师、赵朴初先生等人就是杰出代表。

在人民大会堂的一次书画捐赠仪式上，我认识了现代中国第四代画家的杰出代表夏蕙瑛女士。她7岁作画，10岁获全国书画比赛一等奖，15岁在上海美术馆举办个人书画展，16岁则在中国美术馆举办了个人书画展，国画功底极为深厚。她后来转型以现代画创作为主，《城市色彩组画》于2010年在上海世博会中国国家馆展出，并于2011年被人民大会堂收藏。她的作品既有国画的坚实根基，又体现出当代艺术的创新之风。在人民大会堂举办的《城市色彩组画》捐赠会议上，我谈了自己对她的画风及主题内容的理解和评价，之后我与夏女士及其团队有过进一步的接触，并利用在上海开会的机会专程到其设在浦东的蕙风美术馆拜访。我曾谈过对她艺术创意的敬佩及感想，也谨慎地提过一些想法和期望。她后来向我展示了一些新作及寺庙风景的写生和素描，我很感谢她能重视我的看法。这些新的画作给我耳目一新之感，看到了艺术创作的巨大潜力。

除了对国画特别有好感，我对西洋画同样有着浓厚的兴趣，并利用出国留学及学术访问的机会参观过许多世界著名的博物馆及画廊，欣赏过不少世界名画原作，并购买了相关馆藏的画册。对西洋绘画的历史，我就是通过参观其各个时期及各种风格的经典画作而获知的。有一次参观梵蒂冈博物馆，我曾与一位来自浙江美院（即现在的中国美院）的教师分工合作，给中国留学生作义务导游；我讲画中内容，他论绘画风格，起到了理解西方绘画的互补作用。这种眼界的开阔，使我观画不只是局限于国画及其现代开拓，而产生更为广泛的兴趣。例如，对比中国传统的水墨画，我对源自西方的水彩画也特别好奇。其干画、湿画等画法给人带来更大的想象及创作空间，而特别吸引我的则是水彩画所特有的朦胧美感。此外，水彩画色彩的艳丽秀美及清新潇洒的格调，也难以让人忘怀。我的一位宗亲卓参先生是深圳东晓美术馆的馆长，他喜欢收藏国画、水彩画、版画、油画等，而其馆藏则以水彩画为主，且多次举办过水彩画画展，如"东晓彩韵——深圳青年水彩画家作品邀请展"等。我曾到东晓美术馆做客，并在那儿结识了一些水彩画画家，通过参观及交流而加深了对水彩画的认识，也增加了对水彩画的喜爱。

　　我对西洋油画的中国化发展，则是通过结识油画家吴轲阳而获得了深入了解。吴先生的艺术特点就是以油画的形式来表达佛教造像等东方信仰追求的内容，得"洋为中用"之精妙。西方油画发展经历了由"不似"（中古信仰意境）到"逼真"（文艺复兴艺术对人物造型的"神似"），以及再返"不似"（现代朦胧派、印象派、抽象派等绘画）的曲折过程。而中国传统绘画则不走极端，强调绘画应介于"似"与"不似"之间，既不"媚俗"，也不"欺世"，可谓中国艺术的"中庸"之境。我与吴先生多有接触，我劝他要走出自己的绘画之路，体现出"东方灵性绘画"的意境。为此，吴先生通过自己在各地的采风，在哲学、信仰等层面的修行、冥思，以及自己独特的生命体验，在其油画和素描上大胆发挥，独具创意，以西洋画法表达东方神韵，即在普通题材、人文场景上又增加了神奇、神秘、神圣、神思、神往之意蕴，给人神妙、空灵、超然、玄奥之感。2023 年，吴轲阳以"东方灵画"为主题开始其国际巡展，首场即以 27 幅油画和 89 件碳笔素描在意大利威尼斯比萨尼宫开展，随之又在米兰再办画展，引起轰动。其中西绘画结合的创意体现出远古信仰题材与当代心灵美学的珠联璧合，他的画风"气韵生动""灵性飘然"，有着抽象思维与形象表达的相得益彰之效，并以其恣意洒脱的画笔探索了宇宙的奥秘、窥视了物象的幽微和生命的本真，旨在悟出宇宙、自然与生命的微妙关联，以及大千世界之动静景观。吴先生被视为超意象画派的代表，其艺术灵魂的独特就体现在他"用艺术表达对生命的关切"，从而以其绘画打开了中国艺术与世界通联的一扇奇妙窗口。在中外文化比较中，他的画作既是艺术的交流，更是精神的沟通，"每一幅画都像是一首诗，引领观者进入一个充满诗意和画意的世界"。在画展之前及画展成功举办之后，他都与我有过联系，并感谢我提供的思想创意对其绘画灵感的重要启迪。

在属于西方绘画艺术的油画创作中，我非常喜欢生于湖南邵阳的唐三超先生，他曾跟随陈西川、朱乃正等大师学画，先后到中央美术学院和俄罗斯列宾美术学院进修访学、交流办展，其写实油画作品独具一格，超凡脱俗，受到普遍好评。唐先生获誉甚多，有中国当代著名油画家、中国改革开放 40 周年文化艺术杰出人物、人民艺术家、陕西省十大风云人物、俄罗斯列宾美术学院荣誉教授等称号。我利用来西安的机会与定居西安的唐先生相遇，特意参观了他的展室，欣赏到其部分作品，也与他交流了对其创作的感触、体悟，由此带来的欣喜、震撼不言而喻。唐先生的突出特点是将西方油画的技艺用来创作中国题材的作品，尤其在人物肖像画上给人出神入化之感。我对他创作的诸多"陕北老汉"形象极为佩服，其人物脸上的皱纹生动刻画出岁月沧桑给人留下的印痕，也让人感觉到他们在平凡生活中的坚毅和淡定。尤其是他创作的《慈母》和《父亲》，对比冷军超现实主义油画极为逼真的还原，《慈母》和《父亲》中则更是注入了画家自己的情感和心境，故而并非简单还原之创新。此外，唐先生创作的《遐想》描绘了一个拉小提琴的小姑娘，那动感和文静的交织亦是妙不可言，使我这位小提琴艺术的仰慕者为之敬佩。与这位著名艺术家老乡的见面真有相见恨晚之感，也让我今后会密切观察他的发展成就，及时欣赏到其令人感佩的新作。

　　在中西合璧的绘画中，我特别喜欢清代来华的意大利耶稣会士郎世宁（1688—1766）的作品。他在中国宫廷创作了大量画作，包括人物肖像、动物形象、历史场景、自然景观、花卉和松柏等，尤其他画的马非常逼真、富有动感，是他众多绘画中我最喜爱的题材。他一方面将西方的油画、铜版画、穹顶画以及焦点透视画等绘画技法传入中国，另一方面又认真学习并掌握了中国工笔画的细腻和写意画的神韵，这种中西融合给人耳目一新的感觉。康有为曾如此评价说："墨井寡传，郎世宁乃出西法，他日当有合中西而成大家者，……当以郎世宁为太祖矣。如仍守旧不变，则中国画学应遂灭绝。国人岂无英绝之士应运而兴，合中西而为画学新纪元者，其在今乎？吾斯望之。"（康有为《万木草堂藏画目·序》）后来有不少中国人模仿他的画作，而且多以"骏马"为题材。我在攻读硕士学位期间就开始关注他的画作，并购买过相关画册收藏。

　　我曾担任所在社区的社会联谊理事会的名誉理事长，故有机会常去社区内的中央美术学院座谈、交流，于此也结识了一些画家和雕塑家，间接了解到现代油画的最新发展和各种动向。中央美术学院原院长靳尚谊等一批油画艺术家的作品，使我印象深刻，心灵震撼。此外，我还比较喜欢冷军等人的超写实主义油画，被其油画的逼真及细腻所深深打动。当然，我也以一种接受美学的心态而不排拒抽象绘画的发展。我曾与家乡的一位朋友莫先生就其抽象绘画及"资讯绘画"理念进行过对话，以揭示艺术家的"语画心路"。在我看来，"绘画是个窗口，让人们看到大千世界。而且不仅是看，还要在里面寻觅，寻觅出一种与整个大千世界不同的东西。这就是人的文化性、精神性，以找到一种神圣的维度"；于此，"艺术追求的是一种创造性的东西，体现出思之美"；也就是说，"艺术实际上是一个人对整个时空的感悟，旨在把其精神感悟表达出来"，而"人们寻找艺术的过程，也是不断超越自我的过程。现在艺术家、思想家和文学家都是从不同角度来找出突破点"。于此，理解绘画既是接受美学，也是意义诠释学，需要双向互动，视域交汇，意蕴结合，主客相融。绘画，尤其是抽象绘画预示着一条隐秘的大道，让人们在画中寻觅、画外体悟，获得足够的想象空间。这里，欣赏者也是创造者，艺术意境需要大家共造。因此，绘画等艺术表现需要创作者与欣赏者的有机互动，形成一种具有超越之境的神秘对话。这才是真正的"画语心通"。

七、与奇石对话

　　一次在北京金台夕照酒店开会，我偶然认识了苏晋云先生，那次是在会议休息期间参观酒店内部的作品展，吃晚饭时碰巧遇见了他本人。我俩一见如故，从此成为经常来往的好朋友。后来我又去过他在北京郊区的工作室，和他一起谈艺术、谈世界、谈人生。我们趣味相投，心有灵犀，交谈甚欢。而且，苏先生常有妙语脱口而出，既让人顿觉耳目一新，又能带来深深的思考和久久的回味。因此，我深感苏先生是有思想深度的艺术家，他的作品富有哲理，给人启迪。

　　苏先生是中国著名文人苏东坡的第 38 世后裔，即为其幼子苏过之后。他自 14 岁开始师从西泠印社篆刻名家叶一苇先生，随后在书法、篆刻、雕刻、根艺、刺绣、印石、玉石创作及鉴定、金石文字、古典文学和工艺美术理论等领域都脱颖而出，成就卓著。其师叶一苇乃金石、篆刻界的一代大师，长于书法、篆刻、诗词，尤得吴昌硕篆刻之真谛，而且在篆书、行草上造诣极深，影响广远，从而有

"诗心墨情金石寿，立德功言三不朽"之誉。苏晋云先生博采其师之长，并在此基础上确立了艺术创作上追求"真理、生命、道路"的准则，以此作为自己具有创新性的"学问之道"，故独树一帜，特色鲜明。

与苏先生交往，会被他开朗、豁达、潇洒的人格魅力折服。而观其作品，则更会有一种独特的精神享受。苏先生喜用苏东坡"人生到处知何似，应似飞鸿踏雪泥"的名言，以具象之美来体现形上之真，反映对世界之爱，对人生真谛的体悟。对于创作，他则用"以道为本，神秀石外，感受自然，会心则灵"的境界来表达，从而与奇石展开了触动灵魂的艺术及哲学对话，希冀揭示宇宙与人世的奥秘，并进而寻觅神圣之奥迹。这里，苏先生要突出体现的是其"篆语文意"。他虽然非常谦虚地称此为"石音凡语"，却让人感悟到一种"非凡"的"天籁之音"。在他艺术手笔的创作下，奇石获得了富有生命意义的创造，本来看似平凡的石质世界达到一种灵性的飞跃，成为充满神奇意象的灵石玉魂。

在苏先生的艺术作品中，我们可以看出他得到了先祖苏东坡的真传。在他看来，"苏轼的天真可爱之处"，就在于"既有傲骨，亦无妨露点傲气，以示拒媚俗，远小人，做真学问者"。苏轼命运多舛，是官场的失败者，却保持住了"遗世独立"的人格魅力，有着"凌人傲气，铮铮傲骨"，以此来对待并处理"政治之尊严，学问之尊严，艺术之尊严"间发生的冲突问题，结果是官越当越小，被不断贬官并四处流放；但与之相反的则是学问越做越好，艺术造诣越来越高，而作品众人称赞，思想流芳千古。这种境界给苏晋云先生带来了思想启迪和艺术灵感，使他感到"无论政治艺术，文学艺术，书画艺术，表演艺术……一切艺术之艺术，归根到底，为人之艺术"，并致力于将人之艺术上升到至高境界。以这种境界来对待人生和艺术，苏先生则保持住了罕见的安宁和平静。在此，"穷则独善其身"，苏先生认为艺术创作所体现的自我，就是"平常心"的境界，"生活的艺术，与其说是在消除烦恼，倒不如说是如何在烦恼中培养自己的文心，使自己活得更喜乐、更实在"。人很难消除外在的纷扰，却可持有内在的宁静，以不变应万变，用不为所动来对待人世社会的"乱动"。苏东坡"蔑视尘世，特行独异"之风骨，在苏晋云的创作中得到了些许的显露。人世社会跌宕起伏，"天道远"而难"神游"。苏先生的根雕作品"苏轼"，就非常精准地表达出苏东坡"明月几时有，把酒问青天"的超然之问，以及"高处不胜寒"的孤傲。

苏晋云先生一生"玩石"，手中奇石无数，包括各种岩石、卵石、彩石、冻石、矿石、化石、玉石、陨石、朱砂石、千层石、石英石、寿山石、青田石、田黄石、龙蛋石、鸡血石等，让人叹为观止。不过，苏先生并不只是"任其自然"，而是用其神妙之手来"点石成精"，使之鲜活、灵动，充满生命及朝气。各种奇石经他用心琢磨和精雕细刻，或加以必要的发掘与点缀，马上就成了绝妙的艺术品，其精神魅力让人感动，令人折服。如其印石作品《天仙配》《造物之意无微不在》《空灵》《鱼乐》《神游》《圣火》《飘渺仙山》《石音凡语》和《十里荷花》等，以及彩玉作品《道在灵存》《柳浪闻莺》《巴山夜雨》《冬林寒意》《林海曙光》《西湖老照片》等，这些

"无言之石"恰如苏东坡所言"静故了群动，空故纳万境"，给人印语无声、篆刻有情，"此处无声胜有声"的意趣及想象。

在巧夺天工的篆刻艺术创作中，苏先生有着天马行空的想象力和出神入化的创造力，《群龙无首》印章群作乃以群龙"舞"首来争奇斗艳，各领风骚，给龙"首"之形象带来了千姿万态。而其《荒漠甘泉》的印石则给人增添了"丝路花雨"的联想和感悟。这些作品真是鬼斧神工，妙趣天成，是那么精巧，那么逼真，其惟妙惟肖的技术很难超越。玉雕作品《发现老子》也给我以鼓励和动力，我原来曾叹息老之已至，有一年我知道与老子同一天生日而颇感意外；而苏先生则以这一作品告诉我："老也是一种魅力，只怕你不够老"！玉竹作品《高节》给人另一种情怀及境界。记得我有一次去云南腾冲访问，街上的小贩向我推销一件玉雕作品《节节高》，说寓意着持有者会不断高升、官运亨通。我本来很喜欢这个玉竹造型，但小贩极为俗气的解释，反而立马让我失去了购买的雅兴。看来人的境界不同，对玉雕意蕴的理解也会截然不同。

苏先生有许多鸡血石作品，而且他还收藏了最大的鸡血石，即产于浙江昌化的五彩冻地鸡血石，重1840千克。鸡血石与寿山石、青田石和巴林石并称四大国石，且位居这四石之首，故有"一方鸡血石，千载帝王诗"之说。此外，鸡血石又与田黄石和青田灯光冻石同称"印石三宝"。苏先生的印石作品有不少就取材于鸡血石，从而体现出"瑰丽、精巧、高雅、多姿"之特色。鸡血石因其色鲜红似鸡血的辰砂而出名，鉴于这种"火红"的色彩，苏先生将收藏的大鸡血石取名为"神州圣火"，寓意深刻，境界高远。苏先生还在其文集中论及"鸡血石"名称的由来，据传远古时代有一种名叫"鸟狮"的动物，它攻击在孵化凤凰蛋的雌凤凰，结果蛋破血流，雄凤凰赶来打败"鸟狮"，"鸟狮"头破血流、落荒而逃。但胜败双方的鲜血都染红了昌化玉岩山的山岩，二者融混同存使其石岩呈"鸡血"之状，故有此名流传。苏先生于此论及章祖安先生所刻印石之名"佛魔居"给他的启迪，即"佛魔共居""善恶同存"，这种复杂组合引人思考，"佛魔同体水乳融合"揭示了世界、人生的本性，所谓"魅力"即虽为魔怪却有吸引力之论。没有纯粹的善与恶，世界有两面，人格亦有两性，这种交织就是我们的此在或"缘在"。在其艺术创作中，苏先生喜欢引用黑格尔对艺术的如下理解："古人在创造神话的时代，生活在诗的气氛里。他们不用抽象演绎的方式，而用凭想象创造形象的方式，把他们最内在最深刻的内心生活转变成认识的对象。"具象的直观蕴含着丰富的哲理，而远古人类最野蛮之举却呈现出蛮荒的诗情画意，"佛魔美"之共构，这就是"一半野兽，一半天使"的人类。

苏晋云先生的艺术作品题材极广，除了江上清风、山间明月、潺潺溪流、蒙蒙细雨、悬崖绝壁、浪涌潮奔、星罗棋布、气象万千等自然形态，人物造型、小桥流水、江枫渔火、曲径通幽、楼台亭阁、城墙闹市等人文景观亦栩栩如生，让人浮想联翩，心境难平。给人印象深刻的如四季景致、四大名著、红楼春梦、银河繁星等作品题材及创意，都有超凡脱俗的意境和穿越时空的幽深。在参观苏先生的藏品及作品展室时，真是觉得步入了"美的历程"。苏晋云先生自幼即钟情于石头，由趣得石，从石获爱，形成其"石不能言最可人"的亲切感觉。这种恋石情结使其处独而不孤，离群却充实，可以在与奇石的对话中、在对石魂的唤醒中流连忘返，自得其乐。苏先生作品所展示的苏风雅韵，既返璞归真，彰显其崇尚自然的"童心"；又大化出神，折射出追求至善的"成人"。石的世界，由趣得识。谈起苏先生自己的"奇石缘"，他有两个层面的深刻感悟：就石头的自然属性而言，"石的历史最长、最原生态、最普遍、最永恒，天生天化，千姿百态，趣味无穷"；"石之趣"产生于自然，"如质、理、色、泽"等，于此，"自然是常见的神迹"。苏先生喜爱自然的纯朴、宁静及和谐，恰如诗人徐志摩那样能以充满诗意而自由的眼光来欣赏大自然的一切。徐志摩曾在散文《雨后虹》中如此说道："我生平最纯粹可贵的教育是得之于自然界，田野，森林，山谷，湖，草地，是我的课堂；云彩的变幻，晚霞的绚烂，星月的隐现，田野的麦浪是我的功课；瀑吼，松涛，鸟语，雷声是我的老师，我的官觉是他们忠谨的学生，受教的弟子。"在苏先生的作品中就可以饱览这种自然的美景及神奇。但从他对石头的精神意蕴来论，则有对人的启迪，"石之所以美，是美在它的谦和与不言之中，它以特有的色、纹、韵、润、刚、柔等各种形态，无言地向你显示：不言，之沉雄，之博大，之精深，之富有，之奥微，之美，才有趣，才可人"！人对石的想象及表达乃"无可无不可"，在主体、在人心。这里，"石趣"即"识趣"，人只有存童心、留真趣，才可能"由趣得石，由趣得识"。

八、大观仓艺术博物馆

2023 年国庆期间，我利用回湖南探亲的机会参观了对外开放不久的长沙市大观仓艺术博物馆。这是一家民营博物馆，馆长是青年才女郭家誉。她性格开朗，活泼热情，思维敏捷，聪明好学，充满创业的激情和发展艺术事业的活力，因而她立志要办好这家独具特色的民营博物馆。其馆藏突出体现了小郭一家对中国古代艺术品的爱好及收藏，特别是古代有着佛道背景的水陆画乃其突出特点；其中不少都是稀世珍品，能在这里如此集中地展出实属不易。在她看来，"特色是民营博物馆的力量源泉"。推出其博物馆的特色品牌，可以让人们眼前一亮，得到意外的收获。她带我们参观了这一崭新却很有特色的博物馆，并非常耐心地介绍了馆藏展品，叙说了其文化历史，她表述非常专业，有着丰富的知识底蕴和极为开阔的艺术眼光，给我们留下了深刻印象。

"大观"取意"蔚为大观"，在这个博物馆中人们可以"观"精美藏品，"观"历史风云，"观"社会演变，"观"人物百态，"观"

文化习俗，"观"美妙形象，"观"中华瑰宝，故乃"大观"，且汇聚于这一"大观仓"。这个博物馆展品的精华，主要集中在明清时期的人物绘画雕像等，其展品分属于多个主题展。其中"众流归海——明清时期的人物图像与文化融合"主题，让我们进入了中国历史优秀传统的"文化海洋"。这里搜集的展品包括水陆画、唐卡、木雕、石雕等，有着久远的历史及厚重感，散发出浓郁的古代文化气息。而其作为主打展品的则是明清人物绘画等造像，特别是以传统的水陆画为主，其人物造型多为儒佛道人物形象，也包括中国古代社会各界人士画像等题材。基于这一特色，上述主题展中有不少菩萨、观音等画像，其中包括《水月观音图》等名作。

实际上，水陆画源远流长，可以追溯到三国时期，其形成于宋代，在明清时期则达到鼎盛，且集中体现了中国传统信仰自"三教合一"以来发展出的典型民俗文化现象。四川省社会科学院的李远国研究员以研究道教为主，包括道教文献、道教历史、道教思想、道教科技、道教神系、道教图像、道教文物、道教养生、道教科仪等，尤其在佛道教的水陆画方面收藏特多，研究颇深。他告诉我，他在四川已经搜集到了两千多幅古代水陆画，并正在整理研究。他研究认为，"从现有的史料看来，水陆画的整体结构是由佛教完成的，其体系以佛教诸佛菩萨为主体，明王金刚为护法神。水陆画形成于宋代，深受唐代密宗的影响。在水陆画中，唐密的诸佛菩萨、明王金刚、二十四天等皆列其中，为重要神明；道教诸神仅有五岳圣帝、四海龙王、四渎龙神、三官四圣、玉皇、文昌、北斗等作为辅臣，旁列其中。因此对水陆画像的研究，理应从唐代密宗着手，从诸佛菩萨的图像开始。"可以说，水陆画乃中国传统图像学的重要资源。李远国是我的好朋友，曾担任四川省社会科学院哲学所的负责人。他出版过研究水陆画的重要专著，发表了好几十篇研究论文，并曾专门把他的水陆画研究目录寄给我参考，从中可看出他以往是以研究道教水陆画为主。他还出版过多卷本的《中国道教神仙谱系史》，并感谢我为此书的出版而做过的推荐工作。这一研究则明显借鉴了他对水陆画的参考分析。李远国教授的《中国非物质文化遗产水陆画图像研究》已被纳入2024年度国家出版基金资助项目，其成果包括300多万字的研究，收录有3000多幅图像，真乃鸿篇巨制，让人翘首以盼。当然，目前研究水陆画的学者又增加了不少青年才俊，如上海大学的苏金成教授就出版过专著《信仰与规范——明清水陆画图像研究》等。

除了李远国教授，中国搜集水陆画最多的则是郭家誉的父亲，著名书画家、一级美术师、陶瓷艺术大师、长沙画院院长郭文光先生。而大观仓艺术博物馆所展出的水陆画，正是郭先生多年收藏的珍品。而且这还仅仅是其收藏的很少部分，余下大多数绘画珍品仍然在整理研究之中。我很早就认识了这位湖南老乡，且多有来往。他在艺术界业内有"拼命三郎"之称，在写生、创作上都非常勤奋，特别是擅长中国传统绘画之水墨画以及瓷画。他曾自我解释道："艺术让我化为一缕清风，飘荡在天地间、丘田里、幽黑深处，没有起点和终点，漫无边际，在真切中，永与现实相隔为邻。"他所画观音像、佛像和道教人物像颇多，这些作品被视为现代"禅画"的经典之作，为此他还多次举办个人画展，包括题为"观·道——郭文光佛道人物画展"等大型展览，这些使他作为中国现代画坛新秀而颇有名气。郭先生的艺术创作还有一个绝招，就是他无论画水墨还是瓷画，都是一气呵成，不需要起稿准备。这是他自信心、也是其技艺娴熟的充分体现。

在与郭先生的早期交往中，我知道他有一对双胞胎儿女在美国留学，学习都非常优秀，因此非常敬佩这才华横溢的一家人。过了一些年后，我突然接到她女儿郭家誉的电话，在自我介绍后遂告诉我，她要继承父业，在水陆画研究上专下功夫。这样，我就与小郭取得了联系。她来北京后，希望我帮助她联系我国研究道教艺术的著名专家王宜峨女士，这对我而言当然是举手之劳，因为我与王女士已认识多年，专业来往也颇多。在中国第一次"国际道德经论坛"期间，她就策划了在香港举办的《道教艺术》展览。我在此次展览中学到了不少关于道教艺术的知识。我与王老师电话联系后，她满腔热情地答应帮助小郭；于是我让小郭直接联系王老师，而不必再因中介耽误时间。在她们初期交往中，有一次王老师给我打电话有点抱怨或间接提醒地说，小郭来北京时竟然在她家住下了。我马上联系小郭，让她在与王老师的交往中适当注意一点，一定要尊重人家。没想到小郭告诉我，是王老师主动留她住在家里的。后来我才发现，她俩的关系早已情同母女，难舍难分了，也根本不需要我再给她们穿针引线了。王老师性格开朗，而且像顽童那样好动、外向，给人返老还童之感。她经常到全国各地开会、考察和研习，因而与小郭非常投缘，彼此实有相见甚晚的激动。在相互熟知后，王老师也常常带着小郭四处云游，实地调研，在学术上对她帮助很大。王老师告诉我，小郭本来想在美国继续攻读学习电影编导的硕士学位，但考虑要继承其父亲的事业而决定改行，虽然开始时有点依依不舍，其后则终于安下心来，并且非常投入地专门学习这一人物图像艺术行业和文化产业等知识。学术上的结缘对她们俩可以说是"双赢"，小郭在王老师的辅导下很快进入角色，专业进步很快，在香港读完相关硕士学位后又考入北京大学，在湛如老师门下攻读博士学位，而且还以娴熟的专业知识来独当一面，担任要职，成为大观仓艺术博物馆的年轻馆长；而王老师则在郭文光先生的收藏中获得不少第一手材料及重要信息，在帮助郭家父女鉴定甄别及整理他们所藏文物期间，她自己也有新收获，并主编出版了两大卷的《中国明清儒道释人物图像研究》等学术著作，使这一研究在国内获得明显的推进及提高。

在大观仓艺术博物馆筹备期间，我曾多次去过长沙，并参观了郭家储存在一个剧场的大量水陆画等藏品。2020年，小郭出面与湖南省博物馆合作，联合推出了"齐家——明清以来人物画中的家族生活与信仰"展览，并先后在长沙、上海展出，引起轰动，取得极佳的社会效益。我和王老师也曾应邀到长沙出席了这一画展在湖南省博物馆的开幕式，而这一画展的画册也已于2022年正式出版。因此，大观仓艺术博物馆与湖南省博物馆有着密切合作，如目前大观仓博物馆的展品中就有湖南省博物馆的藏品，这种联合互通、互展藏品的现象在中国也不多见。

此外，在大观仓艺术博物馆的首展中，还有以"无限佳丽——明清人物画中的文学与女性形象"为主题的展览，其百余件文物展品给人的印象是逼真、细腻、动情，富有生活气息，给人许多联想和对比。郭家誉为此特别强调，"在中国古代绘画展览中，聚焦女性主题的并不多。这是我们博物馆的特色所在"。这也充分反映出"传统女性的天空很低，但她们依然盛开并留香甚远"的创意。小郭年轻有为，充满朝气，并有不少反映青年特色的构想。这就使其展览穿越了古今，形成了远古与现代的生动对话，恰如"今人不见古时月，今月曾经照古人"之论。于此，大观仓的艺术展以一种神奇的沟通让今人获知古时光，发现其对古代社会及人们的生活习俗有着全景式的生动表述和非常细腻的场景刻画。这个博物馆的亮点就是展示了中国古代社会生活、人物性格的真实图景，虽有某些夸张或失真之处，却乃艺术创作"似与不似"的真谛所在。而且，其展馆设计还能让人们从古代生活返回当代社会，形成奇特的古今穿越，让人自由徜徉在时间隧道之中，有人生的洒脱，具精神的逍遥。

在现代气息的营造中，大观仓艺术博物馆也有许多创举，如让书店进展馆，开放了"新华书店，大观书房"，使之紧跟"书香长沙"的时代发展等。另外，在学术研究上，大观仓艺术博物馆与中南大学建筑艺术学院等高等院校和研究机构建立了合作伙伴关系。博物馆所收藏的珍品还没有完全展出，通过严谨的研究还会大有潜力可挖，将来的展出更能呈现风姿多彩、气象万千的景观。在具有当代气息的社会生活中，大观仓艺术博物馆为年轻人设想，准备推出文艺咖啡馆、创意工坊等贴近现代生活及青年人心态的设施，并使文物研究与文创开发紧密结合。我深信，这家沟通古今的艺术博物馆在充满活力、敢想敢干的年轻馆长带领下会越办越好，也将会成为长沙文化品牌的一个全新且重要的标志，在"网红"意义上是吸引各地的人们慕名而来。我在首次参观后很后悔当时行色匆匆、走马观花，所以心里老是觉得痒痒的，迫不及待地期盼下次再来，向往能够早日再去长沙大观仓艺术博物馆"打卡"。

九、唐卡的故事

最初接触唐卡，是在去青海参会时的热贡之旅。热贡在藏语中意指"金色谷地"，是藏族重要的"艺术之乡"，尤其被称为"藏画之乡"，目前已经发展形成了世界闻名的"热贡艺术"。热贡是一个"户户有画师，人人能作画"的神奇之地。回溯热贡艺术的发展历程，热贡艺术早在13世纪就已开始，在15世纪则基本形成，主要内容为唐卡、堆绣、壁画、雕塑等，体现出藏族雪域文化的特点。但其中最吸引我眼球的还是唐卡。几次到热贡，我们先后参观了热贡艺术馆、娘本创办的热贡画院，以及夏吾才郎和更登达吉父子、启加和罗藏旦巴父子、尖措和夏吾扎西兄弟等的唐卡作品；此外桑杰本、夏吾角、桑吉才让等人的创作也给我留下了难忘的印象。我在夏吾角的艺术博物馆逗留的时间最久，与他交谈也最多，这为我们后来的深层次交往打好了基础。

热贡的唐卡艺术人才荟萃，各有所长，而且年轻一代居多。有一次我去热贡参观时，曾在我们单位工作过的藏族学者卓玛非常兴奋地告诉我，她原来是那儿的教师，以前一群围着她叫"老师"的孩子们现在竟然大多已成为"唐卡大师"，这让人惊讶和感叹。望着这位"老师"及其学生长大后而成为的这些"大师"，我的脑子里突然奇怪地浮现出一位著名作家的戏言："我当了一辈子的老师，现在屈尊一下把自己降为'大师'吧。"与之对比，叫"大师"的确是"屈尊"啊！

唐卡是藏文的音译，亦称唐嘎、唐喀等，原意即"平川""广阔""展开"，喻为平坦宽广的空间，而实际上就是指用彩缎装裱之后可悬挂供奉的藏传佛教卷轴画。因此，有学者认为唐卡的发展演变经历了汉唐以来卷轴画的形成和变化过程，且有着典型的佛教绘画特色。从其形式及内容来看，"最初其装裱形式是为便于展挂、收卷的实用功能而加边饰，逐渐追求装裱的形式美，后借鉴中原内地宋代宣和装的形式，以华丽的布帛作为表衬，结合藏族的宇宙观、世界观，附以丰富的文化内涵，逐渐固定下来，成为唐卡的形式符号之一"。（凡建秋：《唐卡艺术解读·序二》，文物出版社 2015 年）所以，唐卡的绘画题材也有不少是藏族相关历史记载、传说故事、天文历算、藏医药学等世俗生活的描述，由此也使其获得了"藏文化百科全书"之称。唐卡便于携带，也有"可以流动的壁画"等表述。按照藏族的传说，最早是松赞干布用自己的鼻血画了一幅吉祥天母女神像，从此开始了唐卡的发展。显然，这种传说实乃充满传奇、神化的意蕴。

唐卡按绘画类型可分为彩唐、金唐、银唐、红唐、黑唐、绿唐等，按唐卡质地可分为纸质唐卡、布质唐卡、丝质唐卡等，而按其制作工艺则分为彩绘唐卡、刺绣唐卡、织锦唐卡、缂丝唐卡、堆绣唐卡、锻制唐卡、珍珠唐卡等。创作唐卡的绘画颜料包括金、银、朱砂、珍珠、玛瑙、珊瑚、云母、松石、赭石、玳瑁石、青金石、铜绿石、孔雀石等矿物石，白土、红土、南碱、金刚土等料土，以及大黄、蓝靛、苋菜、黄连、菊花、藏红花等植物。于是，唐卡色彩形成了"用高纯度白色、绿色、黄色等画度母、观音，金色画佛像，红、蓝色画金刚护法神"（康·格桑益希：《唐卡艺术概论》，文物出版社2015年，第19页）等特色。根据佛教造像着色的信仰传统，"在佛像类中，释迦牟尼佛的身色为肉身色，毗卢舍那佛身色为白色，阿閦佛为暗青色，阿弥陀佛为红色，宝生佛为金色，不空成就佛为青绿色。菩萨类中，文殊菩萨为杏黄，观音菩萨为白色，普贤菩萨为红色，大势至菩萨为绿色，虚空藏为蓝色，地藏为黄色等。"尤其对于藏族而言，色彩象征特点极为突出。"藏族人民对红色、白色、金色有着特殊的崇尚心理，把红、白、金视为色彩中的'君主'，应用到神圣、庄重、吉祥的地方。"此外，"金色代表光明，白色代表纯洁，黄色代表智慧，红色代表权势、热烈，蓝色代表勇敢，黑色则代表着威严。红、黄、蓝、白、黑主要五彩体系也是与其创世说中的地、水、火、风、空这五大生命本原物质相联系的。不同的颜色分别象征着不同的物质。"进而言之，藏传佛教及其古代信仰还持有以色彩代表方向及界别的观念，在其上中下三界中，"天上的为'赞界'（也称'天界'）"，以白色为代表；"地上的为'年界'"，用红色来定义；"地下的为'鲁界'"，据蓝色而设定。"白色、红色和蓝色就代表着整个宇宙世界。"（康·格桑益希：《唐卡艺术概论》，第423—425页）这里，色彩具象使佛教的宇宙结构之超脱、佛学哲理之深邃获得了表达空间，其抽象性亦增添了鲜明的色彩点缀和圣光照耀。

唐卡绘画手笔则可以用"夸张"来描述，其画面有"夸张的比例，夸张的动势，夸张的神态，形成多样式的大效果"（康·格桑益希著《唐卡艺术概论》，第417页）。这种大手笔也带来了飘逸洒脱之风，使画面线条及运笔极富动感、韵律感和节奏感。此外，唐卡规模也有大有小，这种宏大与小巧相差巨大，对比强烈。我既见过袖珍唐卡，也在青海藏文化博物院中看到过世界上最长的唐卡。这一唐卡始于宗者拉杰的创意，1990年开始构思，1996年由400多位艺术家联合绘制，花了三年时间于1999年完成。该唐卡全长618米，重1.5吨，绘画面积达1500多平方米，由3000多种图案、18.3万人物构成其画面，极为壮观，让人叹为观止。

我较为熟悉的是热贡唐卡，这与我多次接触热贡的国家级艺术大师夏吾角有关。我在第一次青海之行，就参观了他的热贡艺术博物馆及他制作唐卡的工作坊，并与他有过深度交谈。夏吾角在唐卡和雕塑上颇有造诣，创作的佳品也很多，故而在2018年获得了国家级艺术大师的称号。在他出名之前，我曾在热贡和他论及走出热贡、到北京等地办唐卡画展的构想。后来经过多方努力和我们的参与帮助，我们社科院宗教所及学会出面并联合多家单位于2015年5月底在北京艺术博物馆（万寿寺）组织主办了"相法心源——夏吾角藏传佛教艺术精品展"。我当时作为研究所所长及学会会长不仅出席了该展览的开幕式，而且还现场致辞高度评价了夏吾角在继承、保护和积极推介热贡唐卡佛教艺术等方面的贡献。我在致辞中指出，"这次藏传佛教艺术精品展以唐卡、佛像为主，体现出藏传佛教艺术的精华，由此也让人们从这一层面来深思信仰文化艺术在人类精神传承中的重要价值和在今天社会文化建设中的积极作用。其作品的主人翁夏吾角先生是当代著名的唐卡艺术大师，也是当今热贡唐卡艺术的重要代表人物之一。"对于这一结缘，我则提到2014年我们对青海黄南及其他地区的学术调研活动，感谢青海及黄南地区的人们对我们的热情接待，并特别提到因这一调研而"有幸到热贡近距离体悟、欣赏热贡唐卡等藏传佛教艺术精品，期间也得到了夏吾角先生的热情接待和细心讲解，使我们感受到热贡唐卡等艺术作品的精美华丽，领略到藏传佛教艺术的博大精深。我们为之震撼和倾倒，在神圣庄严的氛围中也因其美不胜收而陶醉"，感言"热贡艺术是藏传佛教艺术的重要派别，夏吾角大师在唐卡、泥塑、堆绣等热贡艺术门类上均有较高造诣。其作品在绚丽中彰显神圣，在灵动中透出庄严，既传递了佛教教义、教理，也给人以崇高的艺术享受"。

2016年9月，夏吾角再次来北京，在首都博物馆圆厅二层举办了"青海仁俊热贡唐卡传承　虔心万相——夏吾角热贡艺术展"。我虽然因故未能出席其开幕式，但仍抽时间专门去参观，并向夏吾角先生表示祝贺。2017年6月，我在北京饭店金色大厅专门参观了"热贡艺术全国公益巡展"所展示的唐卡作品，其中不少作品是由夏吾角提供的。我又一次见到他并与之交谈，对其艺术快速发展表示赞赏和祝贺。通过多次到热贡参观和在北京出席夏吾角的唐卡艺术展，我对他的艺术成就还有如下特别评价："夏吾角大师抓住藏传佛教艺术这一本真而进行创作，在画面及其体现的思想境界上都有奇特构想，以突出唐卡的藏族特点和藏传佛教特色，表现出其'虔心万相'的寓意，让作品呈现出信仰的神圣性。这里，夏吾角大师既有传承，更有创新。其继承不仅集自己所属勉塘画派之大成，尽量保留其'造像法度精严'的传统，在自己的创作中'注重线条的运用'，力争'线条工整流畅，色调活泼鲜亮'，从而使其作品线条的融贯统摄、画面的富丽堂皇达到极致，给人带来虔诚心境和无限美感。而在创新上，他则博采众长，推陈出新，以现代审美的观念来构思布局、取各种画法之优点来巧妙运用，使历史的古朴与时代的清新达到天衣无缝的有机融合，让人们在思考信仰之神秘的同时亦有对当下的关照和未来的遐想。唐卡的题材及内容丰富多彩，是藏族历史文化、信仰生活的生动写照，夏吾角大师以神来之笔美轮美奂地再现出藏族社会文化的'百科全书'，营造了藏传佛教信仰的心灵憧憬，带给人情不自禁的惊讶和惊叹。"（参见拙著《反思与会通》，中国社会科学出版社2021年，第217—218页）

　　经朋友介绍，我也看过热贡勉塘画派另一位青年艺术家桑吉才让的唐卡作品。他的父亲专攻佛像雕塑，而他却钟情于唐卡艺术，从8岁起就师从夏吾才郎学习唐卡绘画，经过二十多年的勤学苦练而修得正果，成为唐卡艺术领域的后起之秀，为近些年崭露头角的青年才俊之一。桑吉才让的艺术天赋和创造灵性在其唐卡作品中得到了充分展现。他在作品题材内容上紧扣藏传佛教中被视为核心的释迦牟尼佛，观音、普贤等菩萨形象，以及莲花生等独特而生动的艺术造型，在创作方式上则涵盖金唐、彩唐、红唐和黑唐等基本形式。其作品色彩明朗和谐，线条灵动流畅，并以贴近人间真情的笔触展示出佛像的庄重威严、菩萨的慈悲关爱，故此充分体现出唐卡这一"藏画"的精髓之所在，让观众体悟其作为"流动的寺庙"之寓意，以及表达的虔心超脱之境界。从他的脱颖而出，则可以看到年轻一代在唐卡艺术大道上的突飞猛进，不断推出的累累硕果。在新时代，热贡唐卡艺术正经历着其东方特色的"文艺复兴"，给我们带来美好的期待。

除了热贡唐卡艺术，我对其他地区尤其是西藏的唐卡艺术也有所关注。我夫人到尼泊尔旅游时，我曾专门让她购买了尼泊尔的唐卡带回来。2014年，我们全家去西藏旅游，我也曾专门让朋友带我去林芝的唐卡商店挑选相关的唐卡作品。特别是在拉萨逗留期间，我们还专门抽出时间到相关的唐卡集市参观，不仅采购了心仪的唐卡作品，而且还与当地的唐卡艺术家进行了友好交流。在他们看来，西藏等地的唐卡创作更加纯朴、简洁，这些艺术家不太主张过于突出繁文缛节的艺术熏染，不赞成画面色彩趋于浓艳夸张，也不愿意在创作上过度发挥，而主张返璞归真，保持比较纯洁、清秀的艺术雅趣。就其艺术发展历史来看，唐卡绘画先后形成过齐乌岗巴画派、勉塘画派、钦则画派、噶玛嘎孜画派等，其生命不息，连绵不绝，迄今仍保持着旺盛发展。不过，就我外行之见而言，各地唐卡作品其实保持了其最基本的艺术风格和历史传统，不同艺术家创作的特点主要体现在其艺术个性和构图细节上，并没有特别明显或巨大的区别或差异。唐卡乃藏族民众信仰生活中极为神圣之物，其创作有共同的题材及标准，因此唐卡艺术在现代仍然保持了其基本的统一性，而其个殊性则有着见仁见智的细微差别，这种异与同并不影响其传统风格的保留及其整体发展的趋势。因此，唐卡仍会是藏族文化的生动写照，反映着藏族人民的精神信仰。

第二编

悟精神之意

十、客体、主体、整体

　　哲学的本意不是要把简单的事情弄复杂，而是要使复杂的事情变简单。"智"之真谛乃"大道至简"，"爱智"就是要以最简洁的方法来体悟人生，说清寰宇。解脱人的有限性并不意味着用复杂之线来缠绕自我，而是精神上的减负，认知上的删繁就简，回到人的童心，恢复人的纯朴，保持人的真诚。因此，这里需要的是一种"大众哲学""通俗知识"或"明白学问"，而不必追求玄奥，满足于对本无绝对答案之问题的猎奇，在死胡同中寻觅和碰壁。其实，人生如昙花一现，流星一闪，不可能指望个体在瞬间就会悟透一切，洞观宇宙。尽管如此，人却不必自卑。人虽然认知有限，时日苦短，但毕竟现过、闪过，留下了自己在时空中划过的痕迹。而此已足也。

　　哲学不是一门晦涩的学问，思想应纯净，见识需清澈。诚然，古今中外的思想家们大多把哲学弄得玄而又玄，以显其高深和超妙，其形上思辨也让常人望而却步，使睿智变为大愚。但这并非哲学的本真，其对"智"的向往也不应该沦为糊涂的"爱"。实际上，哲学作为世界观、人生观和方法论，基本上就是面对客体、主体和整体这三大认知，而基点就是"人学"，是人认识自己及其之外的存在处境，以及二者之间的关联。对这三个方面，需要"明明白白我的心"。人的存在即时空之中的"缘在"，故人的认知亦需"随缘"。这就是哲学应该回答或讲清楚的一切，此外并无玄奥可言。

（一）客体

宇宙本是自在体，这个"自在体"只是对人而言才成为"客体"，与作为人的"主体"形成对应和区别。因此，"人"乃认知的出发点和关键点，一切哲学都是围绕人而展开，这里没有超然玄论，而只有人的自白，所以哲学也就是最简单的"人自说自话"。

"客体"的哲学定义即"存在于主体之外的客观事物"。这就是说，在人的认知个体面前，只有"己为主体"，余下皆为"客体"。客体乃相对主体而言，与之形成对照，客体与主体共存，缺一不可。因此，客体并非绝对的，其概念本身的提出就是与具体的人相关联，并表达了此人之主体与其外在的关系。客体也只能是相对主体而言，即人认知事物辩证对应的两面。所以，对人而论，客体也不过是主体外在认知的形态，即主体之人能够接触却不属于自己的实体，遂成为人之主体所理解的"物自体"或"纯外在"。

不过，在人的认识形成之初，并没有清楚的客体、主体之分，人因没有"自我意识"而使一切皆为客体。人像其他动物一样寻求生存延续，不知自己与外在世界有任何区别，对浩瀚的宇宙一概茫然。而其最初意识也因为没有意识到自我而成为一种纯为"客体"的意识，其中尚无主客体之分，人是自然的一部分，融入其中而无差别。但在这种茫然之中，对外在也毫无认知，与人关联的所谓客体不过是永恒沉寂的存在而已。

对排除自我主体认知干扰而展开的客体认识，即称为"客观认知"，以达到"实事求是"的结果。但是，既然客体与主体相关联，那么"客观认识"同样离不开"主体存在"，所以也就很难达到"纯客观"的认识。因此，就人的认识来看，"主体""主观"是绝对的，"客体""客观"则只能相对而言。而就客观存在的本体来看，其乃"自体自在"的存在，与人之"主体"的观察、认知没有任何关系，人对它而言也只能是无知，或相对模糊、有限、不准确的认知。不过，人这一认知"主体"相信外在"客体"为"真"的存在，因而"求真"成为科学、哲学之目的。至于这种追究"真"能够达到什么程度，却是无限之旅，没有"最终"。"真"乃本来原在，会不断被发现却不可被"创新"，只不过人对其言说之"理"可以创新，总会更改。所以，"客体"乃在"知"与"不知"之间。"客体"尽管"客观存在"，其认知却需与"主体"关联，此即人的意识对客体存在的体认和界说。"客体"如果离开主体的审视，遂成为人一无所知的"物自体"，对之谈论亦毫无意义。

（二）主体

　　"主体"就是人的"自我存在"，"主体认识"即"认识人自己"，基于这种认识方可放眼世界，洞幽察微。人是主体的存在，"主体"对于人有着绝对意义。而且，主体首先是人的个体存在，人于此是独立的，同样也是孤独的。人的认识则多多少少存在着"主体认识"、甚至可能"主观认识"的特点。"主体"存在是一种"缘在"，故其认识也只能是"缘识"，有着相对性和偶然性。不过，这种"主体性"如前所述乃绝对的、唯一的、不可替代的。人就是人的主体存在、主体认识和主体自由。没有这些基本要素，人的存在则毫无意义、毫无价值，也就失去其作为人的真正存在。

　　"主体"在哲学意义上是指"对客体有认识和实践能力的人"，离开人则无主体可言。只有基于此，才能用主体来表达"事物的主要部分"。这里，主体就是讲"我自己"，主体认识即"认识你自己"，我与你则形成不同主体间的对应、关联和共存。不可否认，主体会导致主观，有其局限、片面和相对性。但人的认识只能是"我"之思维，故而才有古代哲人"我知我无知""我疑故我在""我思故我在"，以及后来"我在故我思"等主体认识。这种认识意识到人之"在"及其"思"的有限性和相对性，但这恰恰就是人的真实存在。人的主体性与人的存在是密不可分的，主体性是人的存在的重要体现。人的主体性体现了人的独特价值和尊严，体现了人的独立的自我意识和自我肯定。因此，人与众不同，独特而平等，具有不可替代的价值。例如，"主体"在中国古代政治中专指"君主的统治地位"，希望遇到"明王圣主"，从而能够"上以安主体，下以便万民"（《汉书·东方朔传》）。而毛主席论及革命的"主体"时则强调乃"中国的老百姓"。当然，这已是对"主体"的引申意义了。

主体是人的存在与认识的关键所在，是一切观念及其推衍的核心和原端。人的主体性是认识宇宙及自我的出发点，也是这一认知的参照系统。所以说，"客体"无我，"主体"有我。有无存在及其判断和意义，均基于主体。没有主体，任何存在皆无意义，因为意义只是对于主体而言。无限寰宇、茫茫世界、芸芸众生，只因为主体才发生关系，形成意义。因此，世界的奥秘就在于认识主体、尊重主体，并把握主体的言行。

在看重主体的同时，也有必要看轻主体，对其举重若轻。主体的存在其实不必过于在意。在宛如流星一闪的人生中，成功者或失败者、得意者或失意者，都会消失在历史的长河之中，人来自虚无，亦回归虚无，甚至这一"长河"也不过是白驹过隙，都是会被永恒彻底忘记、倏然而逝的"闪存"。在宇宙大写意的有无之境中，在与不在得到的是同样的意义，而任何意义也都会随着其关注主体的消失而陷入永恒沉寂。这里，"个体"乃主体的真实呈现，每个个体都是唯一的，也是微不足道的。但是，无数个体的闪耀，则汇聚成人类的光芒，以人类为参照，个体就取得了共在的价值。每个人或许人生苦短，但在人类之光中毕竟也有过闪现。对于主体，在人生观中需要自重，但于宇宙观之处则会释然。

既然主体存在及其认识有相对性和时空之限，那么主体观察、认识世界的这种努力也只能是"近似地描绘现实世界"，把握的是对主体而言的"现象"，而非绝对真实。这也就揭示出主体"所有的理性知识必然是有限的"。为此，当代科学发展已经明确地告诉我们，科学真理是"相对论""测不准定理"，提醒人们意识到其认知的"相对性"，"无论它看来是如何明确，也只在有限的范围内适用"。这就消解了过去人们所坚信的科学乃绝对真理等观念。尤其在对微观世界观察中物质出现的现象，以及实验者的参与对观察结果的影响——"观察者效应"，改变了主体理解客体的传统观念，发现了客体与主体的共构及其互动或回应。这种主体与客体发生关系中的意外发现，遂促成人的整体意识的发展。

（三）整体

人并非孤立的存在，而有着主体与主体、主体与客体的紧密关联。这样，人的存在及意识也就脱离了其孤独性而呈现为复杂关系的共在。生命的起源、人类的诞生和意识的出现，均来自其外在的有或无，其来源乃有始于无，空有一切；其归宿或许也会有逝于无，一切皆空。于此，物质与精神乃一个整体存在的两面，都归于"在"，其发生乃"缘"。所以，从客体到主体，最终都会汇集、容纳于整体。宇宙的整体性，使希望并需要认识其存在的主体之人必须具备整体观念，形成整体思维。

"整体"作为"自存在"乃指宇宙时空之全部，因其空间无限和时间永恒而无法衡量，对于与之关联的主体之人只能是推测和想象。所以，"整体"在人的思维中既是科学观念，也是哲学观念，更是信仰观念。但其真实性则是不容置疑的。按照人世存在的理解，整体是系统性的全体存在，这可推及囊括一切、包容全部的整个宇宙。而其对于人类观察的意义，则在于整体涵盖各个有内在关系的局部存在，这些体系对象相互联系，且可无限扩张和延续，伸展至无限。正是其内部的联系性和涵括一切的内循环关系网络，才使"整体"及其观念对人而言具有意义。例如，人与人之间的关联，形成了包括各种社会存在结构的人类整体。物与物之间的关系，则可以各种物质现象及客观规律表达出来，形成整体互构、量子纠缠。于是，人作为认识主体更是体悟出局部亦可包含整体、整体亦寓于局部的奇特关系，因此又发展出整体与局部内在有机关联的全息理论。所谓全息，可以解释为一张照片分成无数碎片后，其中的每块碎片却都能看到完整的影像，反映出整体的缩微。目前人类对宇宙整体仍然基于一种三维观察，除了空间与时间，尚无新的观念及发现。在更多维的观察尚未实行之前，这个宇宙仍有不少潜在及对其支配的规律和秩序。

　　而人的主体与物质客体的关系，更是在人的观察认识中形成了"现象"。所谓"现象"即"关于客体的主体，关于主体的客体"，二者已不可分割，乃主客体之共构。人类不可能完全认识外在客体的真相，而只能就这种主客体相遇相融的"现象世界"展开研究，得出见解。于此，科学、哲学和信仰可以同语。故不可绝对相信主体认知的"眼见为实"，"眼"本身就是相对的，而"见"则为一种"中介"之见、间接之知，会受其观察、构想、实验、手段、方法、分析和认识等条件的影响。因此，"眼"非"慧眼"，"见"难"真见"。

例如，人文领域哲学研究的"现象学"，科学领域物质观察的波粒各现，就揭示了这一主客互动、整体关联的神秘存在。所以说，尽管会存有我们无法彻底认知、作为"物自体"而外在于人之"主体"的"绝对真实"，却不可断言人所获知乃"绝对真理"。我们可以通过"观现象"及"象思维"而无限接近物"本体"及其"本质"，但不能轻言可对之完全、绝对把握。

在无限宇宙面前，人的"客体性"存在使人成为无限小，微不足道，已毫无意义可言。而人对宇宙的观察及认识，也只能是在真与假、实与虚之间的一个"现象世界"。但对于个体的"主体性"来说，"我"的存在乃意味着一切；没有自我，无限时空则不足挂齿，也失去意义，谈不上"现象"与"真相"。因此，人就其主体性意义而论为无穷大，是自我的绝对存在、绝对意义。没有其主体，硕大无朋的寰宇和我就没有任何关系，故也不存在所谓意义。当然，个体或主体不是单数，会出现其群及集合，而其具体认知和见证却仍然离不开与之相关的自我主体。这里，认识自己是绝对的、至高无上的。只是在整体关联及其关系的审视下，人的"集体意识"才得以呈现，牺牲自我也才有了"舍小我，求大我"这种具有整体关联的主体价值。由此可见，全部科学、哲学和信仰认知，都是对客体、主体和整体，以及其关系、关联所展开的观察、研究及论述。我们的认识也理应简化，力争删繁就简、纲举目张，遂于此获其澄明之境。

十一、中华文化智慧之思

最近楼宇烈先生出版了新著《中国的智慧》，而在很久以前我阅读过罗素的大作《西方的智慧》。目前社会上因中西关系的紧张而扩大到对彼此文化的议论，尤其对其优劣长短评价各异，争论不休。我对这种中西比较、观古洞今，颇有感触和感言。这里遂有由小到大、由局部到整体、由宏观到微观的问题。就宇宙而言，我们的世界乃局部；而就世界而论，我们中国亦仅能作为局部来看待。

我们称中国为"神州大地"，我们祈福时说"天佑中华"，这充分体现出我们对中华民族共同体的神圣意识。但与之关联，我们的社会却对这种"神佑"的表述极为敏感，往往持讳莫如深之态。大家在论及人类古代文明时，会津津乐道我们的文明有上下五千多年的延续，是唯一没有中断的传承。这种自信和骄傲溢于言表，让人自豪。中华文明的持续不断也说明我们的文化有独特的睿智之处，凸显出感染力和凝聚力。因此，我们今天有责任继承并弘扬这一优秀传统，使之继续发扬光大，这样才能实现可持续发展，顺利走向中华民族伟大复兴的美好未来。

不过，自信并不意味着可以忽视其他文明的存在，也不可用自己的优势来对比他人的短板。知己知彼需要客观审视，公平判断，既不可妄自菲薄，也不能盲目骄傲。在近代历史中，我们在中外文明比较、中西国力分析中曾吃过井底观天、鼠目寸光的大亏，导致不可一世的大清帝国不堪一击，中华民族面临"最危险的时候"。在今天复杂的国际环境中，在面临中华民族发展依然遇到严重挑战之际，我们不可掉以轻心，不能忘记过去。因此，如何破难局，找出路，有超越，则很有必要重温中华文化智慧的要点，在当下加以恰当地运用，使之以复兴之态得以传承和弘扬。而与此同时，我们也要有自知之明，学会反思和反省，吸取历史上的经验教训，方能立于不败之地。

（一）

中华文化智慧的核心思想是"天人合一"。"天人"关系有着丰富的蕴涵，对人的有效存在亦具有重要指导。这种内外超越而共构的精神境界曾经指引我们在现实世界中实现与人合一，形成对不同社会关系的协调和人类命运共同体的维护。

"天"于此乃一种宇宙整体观和世界存在观，是"人"能够得以存在及发展的前提和条件。"天"作为宇宙规律和世界秩序也规定和制约着人的存在。"天"使人意识到自己存在的相对性、依赖性和有限性，以及其处境的适应性。在这种对比中，人的有限性及反映的真实性得以浮现。因此，中国主流文化主张"天人合"而不是"天人悖"。"天"是人存在的空间及条件，"天"有其未知性及不可知性，人必须明白"天不语自大"这一真理，从而"顺天行道"，绝不可"逆天倒行"。

观察者的视角从"人"及"天"，"天"的形而上意义及其道德论价值得以凸显。所以，中国人对"天"的理解至少是有三个层面的，即宇宙论、形上论和道德论。而"人"与"天"的关联则更直接，也更密切。在宇宙论、形上论意义上，中国人强调"以天为则""唯天为大"。而在社会论、道德论意义上，中国人则有着"人在做，天在看""天网恢恢，疏而不漏"的心态。这样，中华文化所持守的"天人合一"既是宇宙观、存在论上之"合"，亦有着道德观、价值论上之"合"，即"天人合德"，乃"疾敬德"之"合"。这一古代传统使儒家思想得以积极倡导"天人合德、天人合一、天人不二、天人同体"，并以"天人融贯"来实现天人贯通、上下打通。

从其引申意义来看，"天人合一"就是教人要冷静认识自己的存在与处境，尽力达到一种整体和谐，使人可以从容地行走在现实与超然之间。所以说，人只能"顺天"而不能"逆天"，只能"合天"而不可"悖天"。诚然，中国思想中有向"天"挑战的元素，如"人定胜天""与天斗其乐无穷""欲与天公试比高"等表述，并在社会舆论中得到肯定和赞赏。但这毕竟是文学表述，只是浪漫主义而非现实主义的，因为《望月》中有一句歌词道明了真相："月亮升得再高也高不过天"。"天"之高、大无限无垠，本来就是不可超越的。而这种启示也可以帮助我们认识并认清中国在整个世界中的处境，了解国际事务触及的中外关系。中华民族的确伟大，这是我们理应具有的自信心；但中华民族并非人类社会中唯一伟大的民族，或者说已经超越了世界上其他任何民族，不能自己觉得中华民族与其他民族的关系就恰如"鹤立鸡群"那样可以唯我独尊，必须排除舍我其谁的骄傲。我们并没有达到可以独步天下的程度，相反，现实是我们今天在世界上仍然举步维艰，困难重重，需要应对各种挑战，解决许多棘手问题；故此，仍需要有"自知之明"，必须保持那种明白局部与整体之有机关系的冷静。国际局势波谲云诡，瞬息万变，需要我们"看天""观天""探天""问天"，而不能仅仅低头只看到自己、只了解自我。不知彼，不知晓全局，这种"知己"是很不够的，也是无用的。在当前世界复杂的国际关系中，以"天人"关系的体认及智慧来睿智地处理国际关系，从超越之思到现实之为，我们才可能真正有胜算。这里，"天"乃全局，观天即识大局。只有这样，我们才能比较正确地处理好中国与整个国际社会的关系问题。

同样，世界局势的科学处理也需要有"天人合一"的思路，于此若人与"天"斗则或是不够明智，或是以卵击石。我们必须清楚地认识到，目前仅凭一己之力的单打独斗肯定是"斗不过天"的，也根本不可能出现"人胜天"的奇迹。所以，正确之路还是应该回到"天人合一"的命题，协调自我及所属民族，搞好"天人"关系，争取"合"而不是"分"，保持"顺"而不是"逆"，在此基础上积极调整，达到最佳的"天人关系"，优化人的处境，增强我们在整个国际舞台上的发言权、活动性和影响力。至少目前我们并不具备"替天""胜天"的能力和实力，尚无法掌控整个国际局势，故就没有力量或必要去挑战"天",与天抗衡。

在当下,我们所需要努力做的是"与天合一""合天和谐",以及"让天容人",使人"顺天而存"。换言之,这种天人合一之"通",是让我们可以实现"尽心知性知天"的"天道性命相贯通"的精神,获得"天人感应"这一相互沟通、呼应之境,从而也使儒家的"人文精神"成为一种以相信天人境界而具有的神圣之维,让人们得以真正成人成圣,实现天人和合、达到天人相通。即使从世俗的视角来看,我们也须认识到,尽管没有超越之天,却仍有超我之在,"天人合一"在此就是讲究一种以超然之态对全景国际时局的居高观察、整体审视、冷静分析和辩证灵动,看到自我的有限存在和对"天"即整体之无法摆脱的依赖,所以应立足于"合""和"及"顺"天之发展。人不可孑然独立,而需与天同存。

(二)

中华文化智慧主张"仁者爱人",即以"仁"来处理人际关系。所以说,"仁"乃人际关系和谐之论,中国的社会关系学就是一种"人学",而且是积极处理多人之间关系的"仁学"。这里所主张的就是积极沟通,化解矛盾,消除危机。只要是讲"人"的关系,就必须突出"人道""人权""人心",以"仁"相待,用"仁"沟通。其实施者则必须具有"仁"的气度和雅量,在人际关系中营造一种宽松、和谐的氛围,实施民主、保障自由、让人讲话、听人倾诉,通过知"人言"而获"民心",至少可以由此了解真实的"民情"和

"民意"，把握其舆论场的真正动向及走向。历史经验告诉我们，"万马齐喑"只会导致"地火汹涌"。"不仁"则"无人"，失道而寡助。

"仁"的意义及价值在整个中华历史传统中都得以强调。中华文化精神及其智慧之精华就在于"以人为本"，这种对"人"的关注及将人视为"根本"的价值理念使中华文化成为极为典型的、具有主体性的认知文化。按照这一传统逻辑，中国的核心观念及其政治哲学应该是"人本主义""人道主义"等"人权"思想。因此，对"人"的突出及强调不是近代西方的舶来品，而是基于中华文化的本原和本真，具有原创性。既然如此，"与人为善"是我们处理人际关系的基本底线。以"善"待人至少是我们的主观愿望或主体意向，虽然国际环境的复杂不允许我们"愚善"，但在国内民族关系、人际交往中，这种"善"仍是值得提及和关注的，因为它仍然可能是我们保持民族团结的底线。

不过，中华文化从来就没有孤立地谈论过"人"，而是结合并对应"天"来说明人、解释人、界定人的。"天""人"对应及呼应，遂成为中华文化智慧的一大特色。儒家强调"仁"的价值体现为"在天为生生之理，在人为博爱之德"。社会舆论必须以"德"为号，人们行为必须以"仁"为先，让社会充满"爱"。如果以爱相待，就能重建"诚信"原则，畅通交往之道，处理好错综复杂的社会关系、人际关系。所以，"仁，诚，爱，信"，这是我们得以实现社会共融的根基。在我们的社会中，应该让"爱"彰显，使"善"流行。遗憾的是，在商品、物欲、世俗的现实潮流中，这一传统被冲淡，人与人之间的关系在变冷，出现了传统价值的失落或丢弃。

鉴于这一现实，"仁道"必须是要大讲特讲的，这应该是舆论场的永恒主题，更是中华文化的核心理念。而"法治"秩序只是社会必须遵守的不言底线，法律不可触碰，红线不能越过。但这只是一种"此时无声胜有声"的威权，告诫人们要默默遵守，而不必成为流于表层、挂在嘴上的舆论威慑。"仁道德治"应是舆论场景的主流话语，形成对社会的积极引导。而"法治"只是我们社会的底线设置，是对"恶"的防范及压制。至于在社会治理中不得不采用的"高压"手段，更是需要谨言慎谈。这种举措不是依于过多言说的，而是在迫不得已的极限处境中加以快速迅猛使用的。此即政治哲学所默认的社会治理之"高超外科手术"，需要的是迅雷不及掩耳的速效，而绝非可能导致节外生枝的舆论炒作。

因此，处理国家与民族内部问题，需要讲"仁政"，高举"仁爱"的大旗。对待国际问题及跨民族矛盾，同样是"人道"领先，让"仁"畅通。当然，此时国家实力则需殿后，作为威慑、镇吓的条件及手段来存在，成为保障"人道""仁爱"的通道及工具。于此，多讲"人道"和"仁政"，在整个舆论场会占得先手，掌握话语权。至于作为"压轴物""杀手锏"等显示国力的重器，则是准备关键时刻随时来"用"，且必须"可用""好用"的。这不是舆论炫耀的道具，而是真正管用的秘器。在中华文化的宣示中，"仁爱"并不代表"软弱"或无条件地"让步"，其实行是有条件的，也是符合对相关存在处境的处理的。在原则问题上，以及在与国家、民族的生死存亡等相关联的问题上，这种"仁爱"则是"仁至义尽"的宣告，是"先礼后兵"的劝说，是后发制人的警示。在当前充满动乱和战争的世界中，"没有无缘无故的爱，也没有无缘无故的恨"。抽象之爱并不存在，"爱"是一种相互尊重、彼此关爱、利益平衡。而家仇国恨则不可忘怀，"仁"不是懦弱，而须取得震慑作用。我们在国际政治领域既需要影响舆论的宣传，更要有一招制胜的行动。言而无行则会导致言而无信，这一可能的行动才是舆论宣传有效的保障。

（三）

中华文化智慧讲究"中和"。"中也者，天下之大本也；和也者，天下之达道也。致中和，天地位焉，万物育焉。"（《中庸》）中华文化传统思想的关键曾被人描述为"中庸哲学"或"中庸辩证法"，适当、取"中"正体现出我们历史悠久的"和合文化"。

与"和合文化"对应的是"和谐社会"，而起指导作用的则是"用中哲学"。所谓"中"就是"喜怒哀乐之未发"，具有"内在""含蓄"之意。所谓"和"则指其实践之"发"表现得张弛有度、恰如其分，从而达到平衡，实现和谐。"中庸"的关键点就在于"用中"，不走极端，这是中华文化的实践原则。所以说，中华民族按其本质及理念本是一个十分温和、谦让的民族，在人类文明冲突、民族演变中常常处于被动地位，没有"先发制人"的挑动性或入侵性，而多为"后发制人"的自卫、反击。我们提倡戒急用忍，主张"息战"而决不"好战"。所以，在过去的历史经验教训中，一个明显的事实即我们的长城乃用于防范，我们的思想则趋于保守，满足于一种封闭性的内涵式发展。

然而，这种"中和"的表述绝非抽象而论，其实它也是在处理纷争、战乱及社会动荡中被积极运用的。在冲突、战争的乱象中，"中和"观念的出现及其应用，使战争与和平得以处于一种辩证的关系之中，是在以"止战"来找寻更好的解决办法。不过，没有实力和底气，则不可能真正达到"中和"。中国近代历史传统中并没有放弃"中和"思想，也没能实现所希望的"中和"，反而遭到远敌的侵略与掠夺。所以，我们面对的西方价值观恰如严复所感慨的："觉彼族三百年之进化，只做到'利己杀人，寡廉鲜耻'八个字。"这不过就是通过残酷杀戮、种族灭绝来取"同"达"一"而已。国际冲突既有政治经济利益之争，也有思想文化差异而导致的张力。面对信仰、文化、观念、精神等的多样性，中国古代文化传统早就主张"和实生物，同则不继"，并不要求"去和而取同"，而是强调"求同存异"，实现和合共在，和平共处。这在处理好国与国之间的关系，维护民族团结上极为重要。这种先贤古训就是告诉我们要"务和同"，不是追求"不和而同"，而是主张"和而不同""多元共容""平和包容"，并且在复杂的现实处境中能够尽量争取"不同而和"。

强调绝对的"同"，要求毫无区别的"一"，往往会适得其反，出现反噬效应。这对我们的社会共在是十分重要的警示。世界因为强调绝对的"同"而陷入纷争，反而使分裂加剧。我们中国同样需要防范所谓"千篇一律"的趋同，因为在强求"同""一"之时，社会分裂、民族冲突反而会更为严重。不能苛求同在，应给多元留有余地。我们应该多包容，而不可过于排斥。对此，我们需要认真反思，相关认知及举措的调整、改变也已迫在眉睫，刻不容缓。而实现这种"和同"的基本方法还是"中庸之道"，即不走极端，留有充分的回旋余地，有着可以商榷的足够空间。以这种"和合文化"来应对复杂局面，则有可能达到"柳暗花明又一村"的奇特效果。

（四）

中华文化智慧主张"多元一体""阴阳共构"，以此避免冲突，化解矛盾，消除"二元分殊"。其中最核心的思想还是"合"，反对"分"。人们在对"多"与"一"的关系及侧重点上仍有分歧，争论点即究竟应该突出"多"还是"一"。担心若突出"多"则可能趋于"分"而不能形成"一体"；而若突出"一"则又怕多元文化的特色从此消失，只有僵化的"一体"留存。其实，二者是一种辩证共构的关系。中华文化本身就是圆融整合、一体共构的典范，这种存在模式在一个正被撕裂的世界中尤其需要，颇值得推介。

这种"多元一体"其实真正突出的是"关联"，否则认识就可能出现问题，导致极端倾向出现。就国际社会的当下存在而言，世界共存的希望就在于"各美其美，美美与共"，"多元"显然有突出意义和重要价值，尊重多元极为重要，也是外交家纵横捭阖的目的所在。因此，国际关系所强调的应是"多元共存"，平等相待。一些利益集团及国际势力以自我价值观的"统一"为由而干涉他国利益，以意识形态站队而破坏国际社会的和谐。目前的局部战争和动荡都与意识形态层面或传统信仰观念的"求一"并持守"单一"有着复杂关联，由此导致社会不稳，民族分裂，全球动荡。因此，这个世界真正需要的仍然是"多元"共存。大家的基本共识是和谐而不是混乱，需要和平而不是战争，这就是人类命运共同体的意义所在。在世界范围内，"多元同在"应该是常态，也是我们争取维系的现状。而国际组织只是在联合国那样的框架模式上形成的某种"松散的一体"，但其影响力及号召力很弱，基本上难以呈现"一体"之实质。这里，"一体"是象征，表达了人类未来走向及"全球一家"的愿望，旨在引导国际社会形成"普遍价值"，构建"人类命运共同体"。很显然，这一理想离现实仍然很远很远，不过仅是世界未来的希望而已。实际上，保持各自特色的"多元存在"仍然被人青睐，人们希望保持的就是其"多元共存"。这一具体社会处境使世界很难实现理想意义上的"多元一体"或"多元共构"。维持"多元"的现状，争取其间的和谐，乃是国际外交的真谛所在。所以，联合国作为"一体"的作用是尽量能够有效促进及维系当今世界多元而和睦的局面，而不可沦为拉帮结派、打击异己的工具。

但另一方面，就一个国家本身而论，实现其"一体"则为当务之急。"国家的统一，民族的团结"乃其最重要的"一体化"存在必要。这里，突出的是"一体"，重点重心都在"一体"。"多元"是为了充实并丰富"一体"，根本上也必须融入"一体"、共构"一体"。当然，保持一种文化内的多样性和丰富性是有利于维护"一体"的，因而其强调并不是要将"多元"的色彩全然抹去。这样，在国家存在中，"一体"的意义遂得以突出。"多元"则需服从、维护"一体"才能体现其价值，也才有存在的意义。一个国家如果不能实现"统一"或"共构一体"，则很难说是一个强大的国家或完整的国家，也不能代表其民族文化使命的完成及其政治责任的根本成功，且无法真正赢得其国际威望和崇高地位。于此，中华民族目前还是任重而道远，而是否有"近道"可寻则尚不知道。所以，维护国家的"统一"，实现民族之间的和解乃当务之急、重中之重。香港、澳门的成功回归，"一国两制"起了关键作用，而"港人治港""澳人治澳"则维系了"一国"的现状。因此，实现国家统一大业，既需要实力，也要有智慧。从中国传统文化及智慧中，或许能够找出答案。在目前状况下，宣传并维护中华文化的统一性是实现祖国完全统一的坚实基础。为此，我们要大力弘扬中华优秀传统文化，努力保持"书同文，行同伦"的文化传统，全力加强并积极促进中华传统文化交流及沟通。保持住这种"文化共识"，就有"政治统一"的希望。

当然，在坚决维护国家统一的原则下，我们的多元民族文化传统仍应得到尊重和保护，允许其获得相对的保留及传承。实际上，中国不仅有丰富多彩的少数民族文化，以汉族为主的地方区域文化同样是多姿多彩的，这是我们的文化财富，理应得到重视和爱护。彻底消除了民族文化多元特色及传承的国家，其"一体"显然也很难坚持到底，反而会时刻存有崩塌的危险。我们的"一体"基于民族团结、万众一心，实现的举措是海纳百川、有容乃大；是紧紧相拥，而非无情推出。这种世界格局的不同与民族国家的强调是需要我们注意区分和认真研究的。

总之，从"多元一体"的认知来看，中国尊重世界多元性质上的存在与发展，强调尊重各国各族文化的"多样性"，并以此为基础形成人类命运共同体，发展出"普遍价值"和"国际共识"。但在我们国家内部，则必须突出强调"统一"和"一体"，这是在历史教训及国际环境启迪下别无选择而必须坚持的。国际与国内的关联，二者存有明显张力。而中华文化智慧则早已有了处理这方面问题的丰富经验，充满着辩证思维的构想。愿我们团结合作，共同努力，向这个充满危机的世界推荐我们化解危机的精神智慧，并充分体现出中华民族积极践行合作共存、共同迎接美好未来的理念。

十二、人的孤独

　　哲学是孤独的产物或表达，而不少哲学家也具有孤高、孤傲或孤僻的性格。他们作为思想的狂人而居高临下、曲高和寡，只留下被后人所欣赏的空谷足音、千年绝唱。其实，不只哲学家或思想家，每个人都是一种孤独的存在，有只属于自己的内在世界，也与他人存有无法消除的隔膜。因此，孤独不只是人们常说的心理表现，实则也为人的存在状态。在常人的观念中，一般会把孤独理解为人们孤单寂寞的心态，指人在思考其与社会关系、社会网络联系上的情感，认为其乃人类共有的情感体验。不过，人们仅从情感、心态和精神层面来理解孤独是很不够的，因为这种表象更深刻地揭示并反映出人的存在状况、社会处境，故为"存在决定意识"。尽管人是群体的存在，有其社会性之共性，却不可能忽视其个体性。单独的人毕竟有其最基本的生存方式，会形成与众不同的差异。当看到人们形单影孤地踯躅在各自生命的路途中时，这种感觉会非常强烈。

本来，人所存在的地球就是一个孤独的存在，迄今尚未发现另一个有生物存在的星球。在浩瀚无垠的宇宙中，地球就像一个基本粒子那样渺小，不被察觉地在广袤空旷中漂浮。以此为参照，人类也是微不足道的，是宇宙中一个孤独的智商生物之存在，在其遥远的呼唤中希求获得回音而迄今无果。就微观而论，这种孤独性还典型地体现在人作为特殊性与他者所形成的区别。每个人都有自己独立的内在世界和精神家园，自我于此乃自己的一切意义之所在。至少从其生存形式来看，人乃封闭的、自我的，人与人之间仍有着差别，关系复杂。孤立独存乃人最基本的存在，人在社会中同样不能从根本上消除孤独感，在茫茫人海中，自我仍是孤寂的，"每个人内心深处都有一颗孤独的灵魂"，都会有"孤帆远影碧空尽"的感觉。诚然，古往今来人与人之间有着各种对话和交流，但最基本的仍是人的内在对话和自我交流。独白往往比对话更真实，是不可回避和无法掩饰的真实自我。所以，孤独的特性就存在于人的归隐、在人独有的隐私之中。

这种孤独存在及其孤独感，在中国古人的诗词中有着生动的描述。"千山鸟飞绝，万径人踪灭。孤舟蓑笠翁，独钓寒江雪"（柳宗元），"独坐幽篁里，弹琴复长啸。深林人不知，明月来相照"（王维），"落叶他乡树，寒灯独夜人"（马戴），"花间一壶酒，独酌无相亲。举杯邀明月，对影成三人"（李白），这些诗词曾深深地打动了我，我也非常理解作者的处境与心境。在中国文化中，"明月"是孤独的伴侣。"海上生明月，天涯共此时"（张九龄），这种"望月怀远"就是典型的孤独之情。"明月何皎皎"，孤寂人难熬；皎洁的月光往往象征着孤独与冷清，恰如嫦娥奔月宫，"高处不胜寒"（苏东坡）。为此，孤独者也只有赏月饮酒、弹琴吹箫来面对了。孤独是古今中外思想者和文人墨客所热议的话题。现代中国作家也有不少论述孤独的著作，如林清玄、余光中等著《孤独是生命的礼物》，陈果的《好的孤独》，简媜、骆以军等著《孤独是一种力量》，胡赳赳的《论孤独》，蒋勋的《孤独六讲》，周国平的《灵魂只能独行》等，都生动表达了他们对孤独的理解和描述。

此外，外国哲人同样思考了人的孤独问题。如帕斯卡尔的《思想录》、卢梭的《一个孤独漫步者的遐想》、叔本华的《人生的智慧：如何一生》、尼采的《孤独的力量》、克尔凯郭尔的《恐惧与颤栗》、加缪的《局外人》、弗洛伊德的《走出孤独》、斯托尔的《孤独：回归自我》、艾伯蒂的《孤独传：一种现代情感的历史》等，就是这类思维的典型代表。而表达孤独的文学作品则更多，如狄更斯的《双城记》、奥斯汀的《诺桑觉寺》、笛福的《鲁滨逊漂流记》、柯艾略的《朝圣》（《The Pilgrimage》，亦有《一个人的朝圣》的中译本）、乔伊斯的《一个人的朝圣》（即《哈罗德的朝圣》，《The Unlikely Pilgrimage of Harold Fry》）、川端康成同一标题以描述其西藏经验的《一个人的朝圣》、汉密尔顿的《一个人的乌托邦》、麦喀勒斯的《孤独者之歌》、马尔克斯的《百年孤独》、海明威的《一个人的战争》、塞林格的《麦田里的守望者》、赫拉巴尔的《过于喧嚣的孤独》、奥斯特的《孤独及其所创造的》、耶茨的《十一种孤独》等，在文学界形成了"孤寂的死海"。其实，在他们的孤寂自表中，我们仍然可以发现人们对生存的乐观甚至浪漫之态。一辈子没有离开故土的康德就曾说自己是孤独的，但这种孤独却给他带来了自由，使他真正成为"自己之王"。马尔克斯也认为，人都会以寂寞来最终偿还生命中曾有过的全部灿烂和辉煌，过去的春光、成就，以及爱情等都会一去不返，瞬间消逝，而只有孤独乃人生常态；一切都会消失，所有不复存在，唯有孤独永恒。人只有在孤独中，才能真正深入其内在心灵，透彻地反观自我，无情地剖析自我，发现其存在的奥秘及人生的底蕴。

在现实生活中，孤独无处不在，孤独会与你相伴。当怀才不遇时，当自我慎独时，当被人误解或拒绝时，当求援而未获救时，当孤勇而无人响应时，当孤芳自赏时，甚至当"千人诺诺，仅一士谔谔"时，都会发现孤独的存在。在茫茫人海、芸芸众生中不适应其"羊群效应"者，势必就感到孤独，回归内我。然而，孤独并不一定就导致人的消沉，也不必然使人在人生低谷中难以自拔。孤独让人冷静，也使人反思，意识到并准备好人生不只是会阳光灿烂，同样也可能有凄风苦雨。但是，不管面对暴风骤雨，还是冰雪严寒，生活还得过。一切冲刷都只当是经受了人生洗礼。这里，孤独有其品质、气韵和风骨，当然也有必须为之付出的代价。回顾人类的文化历史，孤独在人生经验中存在，同样在诗歌、音乐、哲学、文学、艺术中存在。它给人带来生活的启迪，也让人获知哲学的深蕴，还会使人体悟文艺的意趣。因此，孤独显露了人生的悲情，也会绝处逢生般地启发生命的激情。我们应该懂得孤独，在某种意义上还有必要珍惜孤独，形成一种升华且超拔的"慎独""惜独"。

人生其实就是孤独之旅，常为落寞相伴。无论幸运或失落、幸福或悲伤，都会有孤独在身旁。虽然人会不甘寂寞，会努力，会奋斗，却不易摆脱孤苦的命运，也很难获得人生的成功。到达所期盼的彼岸者乃凤毛麟角、寥若晨星。美国思想家尼布尔曾说，人就好像在大海中攀爬船上桅杆的水手，他努力着希望攀到顶端，而一旦失落则会掉入汹涌的波涛之中。攀爬者就是孤独人生最生动的写照。我们所看到的乃攀爬者众，胜利者寡，掉入波涛、沉入深渊者乃比比皆是，让人唏嘘不已。人生攀缘乃是一种孤立无援的努力，除了自己须有内心的坚定和精神的坚毅，不要指望会有人为你的成功来喝彩，或因你的失败而悲痛。于是，孤独对人而言既是存在性的，也是精神性的，是让人磨炼的修行，也是使人成熟的洗礼。在孤独中沉淀心境，使心神宁静，乃是一种姿态和选择，旨在获取身心的升华、灵魂的纯洁。于此，孤独在等待着懂它的人，让其同入深沉和深邃。当然，孤独也会让人悲伤、抑郁、放弃自我，拒绝自救。同样，孤独亦可能驱使自我放纵、洒脱、自暴自弃。所以，不能一味赞美孤独，也必须警惕孤独。

　　人在各种处境中都可能处于孤独之中。人在自然中的孤独，其寂静即是一种美丽，人会感受这种安宁而身心放松，徜徉在湖光山色，流连于水穷云起。但这种孤寂同样也是某种恐怖感。梭罗在瓦尔登湖吮吸湖畔清新的空气，享受远离喧嚣的宁静和孤独。但自己在独处时，则可能只剩下一颗寂寥而恐慌的心。人在社会中的孤独，其独存既是一种享受，也是某种茫然。权力登顶的政客、学富五车的文人、腰缠万贯的商贾、花束簇拥的明星，虽事业成功却也摆脱不掉孤独，也难免有高寒孤寂之感。而大多数社会的失败者或不得志者，也会在孤独中抱怨时运不济、社会不公、运气不好。尤其是人在精神上的孤独，则为前述孤独的汇聚和升级。但面对孤独而放弃的仍为少数，生活虽有苦难，人们却舍不得离开；在人生的一线希望中若倾心寻觅，也自然会发现欢乐。只有从精神上走出孤寂、超越孤独，才可能是真正的勇者和赢家。故此，勇于孤独成为思想先驱的座右铭，甘得寂寞则乃泛舟学海的指示牌。孤独是人类的一种顽疾，迄今仍是现代的流行病，人类不得不与孤独相伴，别无选择，真正超脱者寡。历史上，苏格拉底因为罕有人理解而不得不坦然地面对死亡，屈原"天问"无果也只能绝望地投江自尽。中外哲学家曾在哲学中找寻摆脱孤独的慰藉，想因此而有"古来圣贤皆寂寞"（李白）的自嘲和解脱，但鲍埃蒂和尼采失败了，屈原和王国维也失败了，只留下叹息和遗憾。

孤独是人的本性和命运，不可摆脱，也不必摆脱。人虽与孤独相伴，却要学会喜欢孤独，享受孤独，而不要为孤独所控，更不该被孤独所虐。在自己的人生经历中，做学问就是一种孤独，也必须甘得寂寞。从自己真正走上学问之道的第一天，就切身体会到了不被理解的孤独，被误解、遭歧视的孤独，甚至几乎深陷绝境、孤立无援的孤独；社会、领导、老师、同学和亲人的不解几乎伴随了整个学问人生，这种深深的孤寂的确让人不寒而栗，不堪回首。尽管在孤独时会有旁人的关心、关爱、慰问及呵护，但也很难到达孤独个体的内心。不过，自己还是在这种孤独中挺过来了，沉浸在学问的孤独之中而享受到这种孤寂的意义、价值和快乐。孤独会给人带来天马行空的遐思、独往独来的驰骋。实际上，人生所见，本来就是一个人的世界，而生命之途也不过是一个人的旅程。因此，自我超脱和升华，就基于对孤独的理解、贴近，甚至热爱。人要学会与孤独为友，决不可视孤独为敌，这一境界虽然难以达到，却仍要试着努力。对孤独的不同态度和选择，后果和结局可能会有天壤之别。升华或沉沦，就在对孤独的一念之间。在孤独中，我学会了唱歌说笑，乐于去游山玩水，把握了生命的真谛及意义。

与孤独相对的是爱，或许爱能消除孤独。不过，孤独是深藏在骨子里的，爱是流淌在血液中的，虽然爱能驱散孤独，但爱本身却很难长留。如果有永恒之爱，则可让孤独消失。所以，不能永失我爱。爱之短暂，孤独之久长，乃人之所害怕。面对生活的折磨，须意识到与爱伴行者少，孤独迈步者多。只有理解了孤独并坦然面对，才能真正理解人生，也才能真正理解自我。

十三、赵紫宸的人格魅力

我因考上硕士研究生于 1978 年 9 月来到北京，赵紫宸先生于
1979 年 11 月在北京病逝，我们俩虽然有一年多的时间在同一空间，
可惜没有缘分相遇，只给我后来研究他而留下天上人间的相思。在
自己的众多研究中，以人格魅力及家人亲友之情打动我的实属不多。
赵紫宸先生却是真情感人的一个典范。

赵紫宸在世界上以其西文名称 T. C. Chao 而著名，是集文人、
哲人于一身的思想家。他于 1888 年 2 月 14 日出生在浙江德清镇（今
属湖州）。德清因"人有德行，如水至清"而得名，这里地灵人杰，
才俊辈出。有一次在湖州开会，我调侃湖州乃名人荟萃之地，出了
孟郊、闵齐伋、赵孟頫、俞樾、陈振孙、陆心源、陈英士、吴昌硕、
俞平伯、沈尹默、钱三强、赵紫宸等杰出人才，是名士云集的"湖
人队"。参会人中祖籍本为湖州的章开沅先生听到后非常高兴，告诉
我说，他非常喜欢这个"湖人队"之称。

赵紫宸早年在家乡接受了中国传统文化教育，15 岁时进入苏

州萃英书院学习，随之就读于东吴大学预科班，1906 年正式进入东华大学研习社会学。1910 年他获得学士学位后在大学附属中学教授英文、算术和圣经等科目。1914 年夏，他第一次赴美开会，同年秋到美国田纳西州梵德贝尔特大学就读。他仅用三年就完成了专业学习，获得学士和硕士两个学位，1917 年回国在东吴大学任教。他在任教期间获得文学博士学位，并自 1922 年始担任东吴大学文学院院长。1926 年，他应燕京大学之邀来到北京，两年后就担任了大学下属学院院长，直至 1952 年。此后，他先后到耶路撒冷、印度马德拉斯和加拿大惠特比等地参会，于 1932 年到英国牛津大学访学，在牛津大学进修一年。1941 至 1942 年，他与燕京大学许多教授一道被日军逮捕入狱，被关押达半年之久。1947 年，他访美出席普林斯顿大学创办二百周年纪念活动，被该校授予荣誉博士学位。1948 年，他在荷兰阿姆斯特丹世界基督教联合会大会上当选为六名主席之一。1950 年，他参加"三自爱国运动"并成为参与发表"三自"宣言的 40 位知名人士之一。1951 年，他因反对世界基督教联合会支持美国发动朝鲜战争而辞去其主席职位。1952 年，他受到不公平对待而遭免职，直至 1979 年才得以平反。赵紫宸去世后，他在北京居住多年的明代四合院于 2000 年被拆毁，他在此充满文化味道的生活痕迹也随之消失。

　　赵紫宸著述甚丰，是我比较喜欢的思想家之一。他思维敏捷，文笔隽永，经典翻译有古典韵味，中国诗词娴熟于心，言谈举止温文尔雅，是一位洞观古今、沟通中西的大学者。一开始我只是阅读他在思想史领域的著作，并写过研究他思想特点的相关论文；而随着赵紫宸文集的整理出版，我也接触到越来越多的他的著述，从而得以比较全面地认识他、了解他。

在中国发展的关键时刻，赵紫宸满怀激情地迎接中华人民共和国的到来，坚定不移地走爱国爱教的道路。他的这种立场和态度不仅用来要求自己，而且也同样要求其子女和学生来践行，因而既展示出让人敬仰的人格魅力，同样也在当时产生了巨大影响。在自己的研究工作中，虽然经常接触到赵紫宸的著述及思想，对他的家事和具体处境却并不知晓，后来在朋友的介绍下得以逐渐认识他的子女和其学生的亲属，从而走出书本中形成的简单印象，对他及其周边的人们更有了深层次的了解。特别是随着与他家人的密切接触，其形象则更加鲜活起来。在对他的多面认知中，我被其爱国精神、民族担当的情感所折服，也为其命运及其子女、学生的遭遇而叹息。

赵紫宸的子女中最有影响的是大女儿赵萝蕤（1912—1998），其名得自赵紫宸所选李白诗文"绿萝纷葳蕤，缭绕松柏枝"。我虽然没能直接接触到她本人，却多次听她的弟弟及学生提及她的往事，也参加了一些研究、纪念她的学术活动。在民国时期文化艺术界有"林徽因的诗歌，张允和的书法，潘素的国画"这种溢美之说，她们被称为"民国才女"。其实，在人们心目中还有一位更为出名的民国才女，这就是赵萝蕤，她被视为民国的"第一美女""第一才女""第一名媛"，而且还以"赵萝蕤的文采"享誉学术界。赵萝蕤7岁开始学习英语和钢琴，在家则随其父研习中国传统文化，从而有着中西文化合璧的童子功。1932年，她毕业于燕京大学英语系，1935年又从清华大学外国文学研究所毕业，然后到燕京大学任助教。1944年她随丈夫陈梦家（1911—1966）应邀赴美讲学之机而到美国芝加哥大学留学，1946年获文学硕士学位、1948年获哲学博士学位。在其父亲的要求下，1948年冬她学成后立即启程回国，于1949年初终于到达北京。她先后任云南大学讲师，燕京大学教授，并担任该校西方语言文学系主任，以及北京大学教授。在其学术生涯上，她所译的艾略特的《荒原》、惠特曼的《草叶集》等因忠实原文、文笔优美而很有影响。其中《荒原》中译本至少有六种，包括赵萝蕤译本，以及裘小龙和赵毅衡的译本等。在读硕期间我与裘小龙和赵毅衡在同一所学校，当时曾非常羡慕他们就读的文学专业。赵萝蕤的《荒原》译本虽然是第一部中译本，却并没被真正超越，故乃"我国翻译界的'荒原'上的奇葩"（邢光祖的评价）。她还与杨周翰主编过《欧洲文学史》，这是我上学期间最喜欢阅读的书籍之一。在开始专业学习之前，我曾对外国文学很感兴趣，非常仰慕李赋宁、杨周翰、朱光潜、王佐良等名家，读研期间我听过王佐良先生的课，而在德国慕尼黑留学期间则因给参加国际比较文学会议的中国老师们领路去会场而见过杨周翰先生一面，但与这些大家机缘不够而未能深交，只能是远远地仰望。杨周翰与赵萝蕤主编的这部《欧洲文学史》对我影响很大，这本书我很早就收藏了且是我了解欧美文学的启蒙之书。

赵萝蕤当年曾是燕京大学众多追求者眼中的"校花"，"外号叫林黛玉"，有着"天才少女"之称，民间也有乃一著名学者"爱而不得的'女神'"之传闻。而她却主动追求出身贫寒的陈梦家，其理由很简单，就是"因为他长得漂亮"，看上了他的"风华绝伦"。钱穆曾回忆赵萝蕤喜欢陈梦家乃"独赏梦家长衫落拓有中国文学家气味"。赵紫宸最终也支持了女儿的恋爱，并说"我认识梦家是一个大有希望的人"。1936年她与陈梦家结婚，后也因陈梦家而得到去美国留学的机会，并在哈佛见到了艾略特本人。

其实陈梦家绝非等闲之辈，他与闻一多、徐志摩、朱湘是著名的"新月诗派的四大诗人"，并坚持诗乃"美的文学"之原则来创作，有着"意境与形式并茂"之特点，曾在当时蜚声诗坛，其间亦曾研究神话和礼俗；后来他则以研究古文字学、古史学和考古学而闻名，曾任职中国科学院考古研究所。他于1931年毕业于中央大学法律专业，1934年入燕京大学读古文字学研究生，1936年获得硕士学位后留校当教师，1937年到昆明西南联大任教，1944年应邀到美国芝加哥大学讲课，在1947年归国前曾到英、法、瑞典、丹麦、荷兰等国访问，回国后在清华大学任教，1952年转至中国科学院考古研究所工作。他还喜欢收藏，包括铜器、家具等，尤其搜集了不少明清家具，是著名古家具收藏家王世襄的启蒙老师，故被称为中国古家具收藏第一人。我曾在赵萝蕤大弟弟赵景心（1918—2017）的家中看到过陈梦家收藏的明清家具，也曾专门到上海博物馆参观陈梦家和王世襄收藏的珍贵古家具。湖州市博物馆现在也保存有部分陈梦家收藏的古家具。可惜陈梦家于1957年被打成右派，1966年在"文化大革命"中不堪屈辱而自尽。他有着"士可杀不可辱"的刚毅，是以死相拼而持守了"内心中的良知，骨子里的坚韧"，让人叹惜一代才子的陨灭。我的好友考古研究所原所长刘庆柱在评价陈梦家的学术贡献时曾说："20世纪中国考古学的三大发现——殷墟甲骨、汉晋简牍和敦煌文书，成为中国传统学术向现代学术转变的重大契机。陈梦家先生在最为重要的两大方面，即甲骨学和简牍学方面均做出重大科学贡献，同时在殷周青铜器研究领域也取得杰出成就，在近代中国学术史上像他这样成就如此学术大业者是寥寥无几、屈指可数的。"陈梦家是孤独的，但他反其道而行之，将其书房取名为"不孤书房"，表达了他反抗命运的顽强意志。赵萝蕤因陈梦家遭受迫害及其自杀而受到精神刺激，从此身体一直不好，很遗憾直到晚年也未再能充分发挥其才华。湖州师范学院于 2006 年开始修建赵紫宸赵萝蕤父女纪念馆，并于 2013 年建成开馆。我曾去湖州参加了其开馆仪式，并参与了相关学术研讨会的策划和实施。

赵紫宸的长子赵景心（1918—2017）则与我有过长期交往。他有两个弟弟，其中赵景德是定居美国的地质学家，我曾在北京威斯汀宾馆见过他一面，当时主要是商量如何推进赵紫宸研究的事宜；其小弟赵景伦则是民国风云人物张治中将军的女婿。赵景心先生是经人介绍而主动与我联系的，他第一次给我打电话就说要亲自做饭给我吃，吓了我一跳，因为当时他已经是 80 岁的老人了。但后来我与他见面接触才知道他身体很好，是运动健将，据说过去曾经常陪万里等国家领导人打网球。他说话也声如洪钟，底气很足。1941 年赵景心毕业于燕京大学经济系，曾任教于美国檀香山美军语言培训中心，后担任原中国航空公司汕头及厦门办事处处长，1949 年参加了"中航""央航"的"两航起义"，中华人民共和国成立后在民航局工作，担任过高级航校教师，1965 年起担任对外经济贸易大学英语学院副教授，教授英语直到退休，故而在与他交谈中经常会听他习惯性地飚英语。赵景心的人生经历也充分体现出赵紫宸先生赤诚的爱国之情。赵紫宸先生在中华人民共和国成立之前一直坚持要赵景心回国服务，并强调"你是中国人，你没有选择余地"。本来，赵景心已准备与他在美国工作的女友结婚，但因父亲的告诫而决定以国家大义为重，放弃这段爱情。在当时的国际形势下他因选择回国而彻底失去了与女友的联系，两人各奔一方，再无来往。赵紫宸父子的爱国之心，在这件事上得到充分体现，赵景心这段无果的爱情往事也十分让人感动。

陈梦家在1956年曾用其出版学术专著所得的稿费在北京美术馆后街购得一所明代四合院，他去世后该院成为赵紫宸及赵萝蕤的居所，此后则由赵景心一家居住。1998年北京城市改建规划要拆掉这个四合院，他极力想保护这一文化价值巨大的居所，当时也与我谈起过此事，可惜我人微言轻、无能为力。虽然当时舒乙、侯仁之、吴良镛、罗哲文等文化名人曾为之而大声呼吁保护，媒体还报道过，最终却也没能避免这一院落在2000年被彻底拆毁。此后，他搬到了北京的郊外，不常进城走动。我与本单位博士论文专门研究赵紫宸的小唐则经常到陈梦家在北京远郊的住所拜访，他每次都热情招待我们，我们也了解到不少赵紫宸一家感人的事情。

有一次我应邀到中国艺术研究院音乐研究所做讲座，在此认识了赵紫宸的学生蔡詠春（1904—1983）的女儿蔡良玉教授。蔡詠春先生1930年毕业于燕京大学，当时深得赵紫宸的赏识。他自1946年赴美留学，在哥伦比亚大学于1947年获得硕士学位，又于1950年获得博士学位。早在遇到蔡良玉教授之前，我已经知道赵紫宸与蔡詠春的独特师生关系，我们所也曾邀请蔡詠春参加过相关著作的汉译工作。蔡良玉姐妹随父母到美国后，全家已经准备定居美国，两姐妹在美国学校，一个学钢琴，一个学小提琴，生活学习基本上安顿下来了。而赵紫宸知道蔡詠春获得博士学位后，则马上写信让他回国服务，并准备让他接替自己的院长职务。听到老师的召唤，蔡詠春毫不犹豫地携全家启程回国。当他们途经菲律宾时，抗美援朝战争爆发，蔡詠春于是询问恩师，是否还需回来，而赵紫宸则希望他们克服一切困难尽早回国。这样，蔡詠春一家于1950年回到了北京，他本人亦任教于燕京大学。但赵紫宸于1952年受到批判而被免职，蔡詠春也不能继续在此任教，全家一下子陷入困境，生活极为艰难。几经努力，蔡詠春才于1956年获得在东北人民大学教书的机会，直到1975年退休。岁月的艰辛改变了这一家的命运，蔡良玉的母亲曾写过《我的丈夫蔡詠春》等回忆录，并曾希望我能帮助出版。但因内容敏感，故而我也未能帮上忙使之公开出版，内心对此亦十分愧疚。蔡良玉后来克服重重困难坚持音乐专业的学习，于1966年从中央音乐学院音乐理论系毕业，改革开放后亦曾赴美进修，最终成为我国著名的音乐理论家。她在中国艺术研究院音乐研究所任研究员时与我保持有业务联系，我们后来也曾一起在中央音乐学院参加过研究生的博士答辩。当然，这些联系或隐或现、或直接或间接，都与赵紫宸先生有着某种关联。

赵紫宸先生有着复杂曲折的人生，对其家人、学生等也有着明显影响。其爱国爱教的思想感染了大家，并直接影响到他们的人生发展。他坚决要求自己的子女及学生学成之后一定要回国服务、报效祖国。为此，赵萝蕤在中华人民共和国成立之初也曾劝其好友巫宁坤等人回国效劳，参加祖国的建设。赵紫宸自 1952 年后就被边缘化，在孤寂中走完了下半辈子。但他始终保持了其爱国之心和对中华民族的热爱及忠诚。这种复杂的经历和感人的情节有着极强的故事性，是多么好的名人传记题材啊！我早在参加湖州师院纪念赵紫宸、赵萝蕤的学术研讨会议上，就曾呼吁当地作家能够积极搜集素材，写出一本生动的《赵紫宸传》来。记得好像当时当地文化界的人士也有一定反应，并开始过相关素材的搜集，但一直没有能够看到其结果。这一传记有真实事情为依据，故事情节也跌宕起伏、感人至深，我想会比故事虚构的小说《围城》更加生动、更会吸引人吧。在西安的一次有关道教的学术会议及活动中，我遇到了著名演员濮存昕先生，曾忍不住专门向他讲了我的这一设想。如果真能有《赵紫宸传》的剧本，我希望他能出面扮演赵紫宸先生。我曾看过他表演的弘一大师，觉得他的人生经历和文化修养使之具有演活演好赵紫宸先生的气质和神韵。可惜此乃自己的一厢情愿，迄今未能实现。而一旦时过境迁，或许这一想法就只能成为幻想了。

十四、人生如是自有缘

——读星云大师《如是说》有感

2023 年 2 月初，星云大师圆寂。他给世人留下了 360 多册著作，令人惊讶和敬佩。星云大师曾多次参加我参与组织的学术研讨会。我也曾在相关大会上评论过他的发言。因此，他的著作中有不少我也认真读过或专门研习过，给我留下了深刻印象。其中《如是说》三卷是星云大师从 1979 年至 2017 年平日行程、当日谈话之记载，有"星云日记"之喻，从一个重要侧面生动地反映出星云大师"生于忧患、长于困难、喜悦一生"的奇特经历。在星云大师精彩的《如是说》中，我们可以深深地体悟到其所倡导的生活禅道、生命哲理和文化人生，从而能够生动领会其看淡生死的无我之境。有信仰的人生如何度过，在这里多有启迪。因此，从星云大师指点的"如是我闻"出发，我们应努力争取"信受奉行"之结果。

（一）生活禅道

立足人间、超越人间，这是星云大师《如是说》所倡导及践行的人间佛教之真谛。这里，其特别强调的是一种生活禅道。在大师看来，人间佛教体现佛陀本怀，充满人间意蕴，是佛说的、人要的、净化的、善美的，可以让人在生活中实践人间净土，由此真正体悟佛即觉悟，意识到成佛需要"苦""做""忍"的一而再，再而三。所以，大师宣称人间佛教乃佛教的当代思潮，乃其发展的当代主流，为当世之光明。

在对人间佛教的理解上，星云大师《如是说》指出：首先，佛陀的出生、修行、成道、成佛、弘法、传教都是在人间，完全为其深入人间的服务工作；其次，人间佛教以人为本，体现出"人为邦本，道行天下"，所强调的是人间有爱，人间欢喜；再次，人间佛教主张生活第一，生死第二，因此佛教必须走入生活、走入家庭、走入社会，在生活中实践人间净土，注重了生，净化人心，获得人间修行达净土，人间生活得觉悟之境；最后，人间佛教突出人缘，认为应该未成佛道、先结人缘，所谓人缘是指人因缘而生，这种缘使人生生不息，无始无终，如圆之循环，求圆之完满；于此，人生如是自有缘，随缘方知乃佛缘；意识到人之机缘、巧缘及法缘，故应一切顺其自然，随缘随众，合缘和合，悟透缘生缘灭，做到担得起、看得开、放得下，水穷云起、随遇而安。

关于佛缘，星云大师认为，体现大乘佛教根本精神的就是菩萨源，此即观音菩萨之悲、文殊菩萨之智、地藏菩萨之愿、普贤菩萨之行这四大精神。于此，星云大师的人间佛教之论言简意赅、字浅寓深，有内容，有时代性，既合乎佛陀本怀，又反映人间福报，为当下之所行、大众之所需，乃人成即佛成的生动写照。

星云大师揭示出人间佛教禅净融和之意蕴，此即生活之禅的奥秘。大师指出，这种禅乃为生活中的盐、花、画、禅意人性、禅味人生，禅是生活的礼验、生命的情趣，乃自然而然的巧妙、智慧；但生活禅并非远离人寰的神秘，而是普遍存于人心，当为我们的本心。这里，禅的思想是放旷自在，随缘度众，参禅乃悟透即可，而不必说明、道破个中道理。禅者的涵养就在于含蓄超脱、动静一如，既在人世中有超越之境，又可于波动中达宁静之状。按照大师的理解，禅者心中若没有芸芸众生、若不能在滚滚红尘中心里安然不动，即不能为禅者。所以，禅者就是在人世间有所为、有所不为，就是只问耕耘、而不在意收获。而且，禅并非个人之清高，实乃众人所共享。大师于此特别强调禅是一法摄百法，万法归一、圆融统摄；禅法就在于共享、共成、共有，禅就是人间佛教。

（二）生命哲理

星云大师的《如是说》也讲透了人间佛教的生命哲理。在此，人生就是一种学习、一门学问，故而需要训练哲学思维、了解人文意境，把握不去计较的处世哲学。这种生命哲理旨在人之有限生命内涵的无限扩充，追求自然、自在，重视人心、人性；一方面要净化身心，看到自己的内心，听到自己内心的声音；此心乃"秋月禅心"、自我真心，如秋月之圆满，似诗境般美好，展示出"万古晴空，一朝风月"的纯净自然本性；另一方面则要庄严世界，把欢喜融和散布到人间，让自我修行在大众、社会、生活、工作中得以实现，和大家一起共享喜乐幸福。对此，星云大师倡导一种人生的升华，即从小我、经大我而达到无我境界之升华。生命哲理就是一种"给"的哲学，立意在"舍"而不欲求"得"，旨在修福、学道、弘法、利生，追寻永恒慧命。

星云大师把佛教生命归结为三个方面，即教育、文化和慈善。就教育而言，星云大师指出有爱的教育、自我觉悟的教育、大学之道的教育，而其细究则包括信仰教育、人性教育、人品教育、人格教育、生活教育、思想教育、自觉教育、佛法教育、丛林教育、磨炼教育等，其教育的目的最主要就是提升人格，以"心"来"受教"，觉悟而"教人"。

就文化而论，星云大师把文化教育视为佛教的慧命，指出文化的力量无远弗届，而文化人的特色就是要有思想、有创见、有能力，文化在此即表现为人的教养，其修行得道之人的生活就是文化。

就慈善而析，慈善体现出博爱胸怀、服务精神；这种博爱胸怀恰如星云大师所言，"为佛教要有忧患意识，为众生要有慈心悲愿"，放下自我，舍己为人，以柔和谦卑之态而给人间带来温情爱意；而这种服务精神则是以慈悲心、忏悔心、禅定心来美化人生，用爱人间的人情味来像"花"那样成就世界之美，美化人心、净化社会。

因此，人间佛教的生命哲理会启发人以中道来应世，主张在人

间行事上要平凡一点、厚道一点、含蓄一点，有圆融处世之妙；对
己则须树立君子形象、体现君子人格，达到"净化信仰、修学自觉、
落实行佛、圆满道业"之自我健全。这种生命哲理遂彰显出克己利
人的贤哲之道，有着兼容并蓄的博大精神，此即生命所要培养的智
慧，而这种智慧与慈悲的结合即为"般若"境界。

（三）文化人生

　　人间佛教所追求并实践的乃一种文化人生，星云大师的《如是
说》非常关注文化问题，认为文化是人类生命的延续及汇合，是历
史的开展，是社会支柱的力量。这里，文化与民族命脉、人民生活
息息相关，密不可分。

　　在星云大师看来，与佛教圆融共构的中华文化讲求民胞物与的
大同世界，是忠恕仁爱、天下一家的文化。而文化乃以人为本、立
足于人生。星云大师指出，只有人才叫"人生"，其专指乃是因为人
顶天立地，与众不同；但人不可抽象而论，人体现出人与人、人与
物、人与事、人与社会的复杂关系，人之理想境界即实现"人和"，
因为人是群体之在、集众而存，人们之间有着关系因缘，故需讲究
人我、社会的和谐，认清人我之间乃同体共生，这种命运共同体的
维系需要和合相处，合众同存，相互柔和安忍，各自从善如流，以
融和尊重来实现天下一家。

　　对此，星云大师认为人应像水之流动那样有着广阔之境，而人
我相处则要像跳探戈那样洒脱自在、配合默契、大而化之。立于天

地之间的人应有天地境界，其心胸能包容宇宙世界，天地万物都在我心中。这样可从自我的生命到社会的生命，达到光辉的生命、融入永恒的生命。此即佛教的"空无""无我"之境，正如《华严经》中所言，"若人欲识佛境界，当净其意如虚空"，证悟我们永恒的生命，流入宇宙大化之中。

所以，人们之间要有生活、思想、语言的交流，有共住、共识、共存的意识，由此方有社会的和平祥瑞，人们无止境的快乐。尤其在全球化的今天，星云大师号召人类应该大小共存、天下一家，因而则需做到"对宗教的全球化要互相尊重，对经济的全球化要大小共存，对社会的全球化要各表特色，对未来的全球化要同体共生"。尽管实现这一目标会有困难，星云大师却要求人类把困难化为福德因缘，把自我的委屈变成滋润他者心田的甘露，最终实现人类心灵的革新与升华。而这种处世之道就会让人成为一个提得起、放得下的"箱子"，一支美化人生的"彩笔"，一面照破自我、了解自身、看清自己的"镜子"，一根为众服务、燃烧自己、照亮别人的"蜡烛"，一滴滋润众生的"净水"，一尊去恶行善的"佛祖"。为此，人就需要做慈悲、广大、包容、变化的"普门大士"。

星云大师强调，要履行好文化人生，人文是一切学问的基础。为此，做学问要能灵巧觉悟，为修道要能精进笃实，要达到惭愧、忏悔、发心、忍辱、威仪、惜福、恭敬、慈悲这"八学"，把握伦理、道德、政治、财富、宗教、社会、生活、感情、医疗、国际这"十观"；体悟包容各宗教的五乘共法，促进民众生活的坚忍节俭，影响社会道德的因果报应，使文学艺术的内涵结构庄严化。星云大师在此高度重视艺术的意义，认为艺术代表着一个国家的文化生命。艺术为一个国家或民族"美容"，由此而启迪我们亦要"美心"，此即达到慈悲、惭愧、感恩、宽恕之心的内在之美。有了这种"美容""美心"的文化人生，那么我们就能持守好宁静与洁净、守法与守信、惜福与结缘、仁慈与智慧的社会生活规范。

总之，星云大师以《如是说》呈现出微言大义、空谷足音的意蕴，其充满生活禅味的《日记》，把自在、解脱、超越、升华之佛法的人间化，以及道悟、禅味生活的书香化发挥得淋漓尽致，对我们体会空无与妙有之境给予了恰到好处的点拨。

的确，佛法无边，无问西东，诚如星云大师所言，人间佛教及其生活禅道乃是一道光明，能够帮助人世社会树立道德观念、净化人心、改变风气、止于至善。星云大师的《如是说》深入浅出，灵秀隽永，反映出大师对其愿力、禅定、慈悲、空无这养心四法的幽雅践履，让我们对水深则静、大智若愚亦有了更为生动的领悟。其生活化、家庭化、人间化的《如是说》不谈高论而多接地气，把有关出世思想、入世理解的佛陀智慧表达得妙不可言、精彩绝伦。

于是，我们可以随星云大师一道而窥探佛教融和出世与入世的菩萨道及其为利益众生的大乘思想之堂奥，以其雅俗共赏的学问来让书香布满人间，形成书香社会，而在个人修养上则可以其空无之境来明心见性，超脱外念，回归自我。

十五、学者的独立与自由

人文研究视域要开阔，思想需创新，故读书不能局限于本专业领域，应该广泛涉猎，博学多闻。这种阅读当然也会增强读书人对社会的关注和人文关怀。不过，仅学以致知还很不够，仍需学以致思。孔子早就强调"学而不思则罔，思而不学则殆"(《论语·为政》)。其实，掌握知识相对容易，而要有自由的思想则并非易事，由此也就划分出学问家与思想家的区别。中国学术界认为做学问的基本底线就是要有"独立之精神，自由之思想"，这句名言出自学界大师陈寅恪，被视为学术的原则和学者的境界，也成为衡量学者人品的关键标准。康德谈到人的自由时早就曾如此强调，"人是有自我目的的，他是自主、自律、自决、自立的，是由他自己来引导内心，是出于自身的理智并按自身的意义来行动的"。他作为哲学家在此只是论及绝对意义上或理想境界中的"应该"，却并非现实中的"必然"。人们若按照"应该"去面世，却往往会碰得头破血流。甚至马克思最早引起德国思想界关注的，也是其关于自由和自我意识的思考。人类的发展就是从"必然王国"走向"自由王国"的过程，因此自由对于人们的世界认识及对人的世界意义之理解乃具有独特地位和突出价值，可以说是至高无上的。由此可见自由这一议题的重要意义，但其真正体现却极为复杂，很难实现，现实存在中并无绝对自由。自由是主体的，却也只能是相对的，故而对这一思考又必须面对现实，有能够符合事实的分析。

（一）

在中国社会文化环境中，学者处理知与思的问题显然会波及许多方面，并非仅是纯学术圈内的一种说辞，而真正以此为圭臬却谈何容易。其提倡者陈寅恪本人为保住自己所持守的观念而竭尽全力来抗争，但被学界尊为"中国最后一位鸿儒通才"的他最终也在1966年开始的那段特殊岁月中成为悲剧式的人物，含恨离世，让人唏嘘、伤感。陈寅恪谈精神独立、思想自由乃是在为王国维投湖自尽之后所写的碑文中最早的阐发，即认为王国维以"一死"来见证"其独立自由之意志"。但王国维之死究竟是为何而"殉"，一直存有争议。他也不过是证明了自己选择死亡的自由，从而终结了其生存和思想的自由。而颇为明显的是，在社会动荡且压制人性的历史大环境中，往往会出现学问家难、思想家稀少的状况；所谓"独立自由"只能是精神意志，而很难成为社会现实；只能是自我封闭性的内在冥思，而难有社会开放性的外在实际。每次我去中山大学，有时间都会到陈寅恪故居看看，但走在"陈寅恪小道"上的脚步会感到格外沉重。

在现实生活中，"独立之精神，自由之思想"并非抽象的哲学观点或价值观念，而是与社会不可分割的社会理想及政治理念。故此，精神的"独立"，思想的"自由"则只能相对而言，不可泛论、空谈。抽象而论好像是一种畅快的情感释放，但在真实中这种高论却并无生存空间。人们对之不能仅仅沉浸于浪漫主义的遐想之中，而必须回到现实主义的本真面前。我喜欢浪漫主义但不是浪漫主义者，从来没有在这种浪漫中的放纵和沉醉。我不会回避现实，故而可称为现实主义者。在人生体验中，艺术可浪漫，政治须务实。实际上，人们所论"精神独立"和"思想自由"，在具体社会环境中做起来就并不那么简单了；既然有其相关限定，故也只可相对而言。于此，回顾古今中外的历史发展，反观苏格拉底和屈原的个人命运，他们都是被动或主动地"以死了断"。此后则流行美国人帕特里克·亨利"不自由，毋宁死"的名言和匈牙利人裴多菲"若为自由故"，生命和爱情"皆可抛"的名诗。虽然选择"死"体现出其想要"独立自由"之意志决断，但真的"死了"就"百了"了，却也就与"独立、自由"没了关系。人或许有选择死亡的自由，但死亡却不会带来人所追求的无限自由。这种选择并非必要性或宿命性的解决，而且也不可以自己所持守的"意志"来代替真正有可能回应其问题的"存在"。"死亡"实际上取消了"存在"，但问题却并未得到任何真实的回答和可能性解决，故而对于"独立自由"并无实际意义。于此选择"死亡"虽然勇敢，却只是反映了拿自己生命来"赌气"或抗争的意志，但实质上也是一种对如何可能真正解决问题的回避及放弃。

随着时间的推移和岁月的消磨，这种在古代曾被人们钦佩的"文人"风骨如今在逐渐消失，社会已经"世风不古"。"士大夫"的那种文化气质和社会担当，可能已经退为内心的记忆和远古的呼唤。所以，当人们要具体面对这一问题时，那么在其基本精神的表现上，显然悲观就可能取代了乐观，浪漫则会消退而让位于现实的冷静。其实，面对真实处境，人们往往会因"无解"而只能无奈。

（二）

在界定"知识分子"时，一般已将其定位为在阐发及运用知识时"具有独立思考能力和批判精神的脑力劳动者"。中国历史上知识阶层即"士"这一群体通常被视为民族的脊梁，其远大抱负及独立人格在张载名言"为天地立心，为生民立命，为往圣继绝学，为万世开太平"的历史使命，以及孟子所言"富贵不能淫，贫贱不能移，威武不能屈"（《孟子·滕文公下》）之"大丈夫"品质上得到了经典表达。这被视为中国文人学者最可贵的性格、最崇高的境界。人们也因此而鄙视为富不仁、为官不正、为学不精。可以说，上述表达为人们立志提供了最好的精神资源，反映了有志者起步时的青春抱负和思想旨归。但人到老年，当一生快走完之际，大多数人在回忆过往历程时都会有自我惭愧之感。诚然，人们不会也没有必要为未功成名就而自怨自悔，也很难做到"壮志未酬誓不休"；尽管仍可能会有人感到惆怅、遗憾，但一般都会淡而化之，泰然处之，不为难自己，没必要纠结。这里就蕴含有一种从决志到觉醒的成熟。

反思自己的经历，当年少无知、好高骛远的我最初看到这些豪言壮语以及范仲淹"先天下之忧而忧，后天下之乐而乐"等警句时，曾为其浪漫精神、英雄气概而激动不已、浮想联翩，也因其激活的忧患意识而禁不住跃跃欲试，真是到了热血沸腾的高潮。其实范仲淹直言不讳的"谏官"角色并不好当，虽然皇上刀下留人，其也仅有此种忧乐境界传世而已。同样，李白、王勃的狂傲才气也没有使他们在向往的仕途上飞黄腾达，反而是怀才不遇或英年早逝。相反，倒是他们创作的文论诗作因其抱负宏大、浪漫豁达而得以流芳百世。中国古代有不少文人才华横溢、豪情满怀，其结局却是历经磨难，以郁郁寡欢而终此一生。他们本有心于政治抱负，却无意获得文学成就，大概也是意想不到的失之东隅、收之桑榆吧。这种文人的浪漫之风和悲剧之果，颇让人叹息和感慨。我们在欣赏这一传统时，是否也有必要做一些更深层次的思索，或有某种不只是一味赞赏的反省？可惜触及这一想法者甚寡。当然，我们那时所处的"文化大革命"时代就有着形象"高大全"、讲话"假大空"的时风，但大家置身其中却全然不觉，满足于这种肤浅或轻薄，甚至我本人还曾经有点自我陶醉，一度沉迷。只是从农村归来、在严酷的现实中锐气被杀之后到湖南大学进修时，尤其站在其图书馆"自卑亭"旁，我才明白了行远自迩、登高自卑的道理，也就没了"自信人生二百年，会当水击三千里"的气魄。我们的文化传统中有豪言多但举措弱的短缺，故而起势很猛却后劲不足，那些理想抱负往往会半途而废，罕有善终。因此，我来北京读研时就销毁了自己大学时期所写并充满反映"文化大革命"印痕之"高调""狂想"的"狂人"日记；因自知而自卑，自此我这一辈子都在检讨自己是否"病学者厌卑近而骛高远，卒无成焉"。虽然那时在一般人眼中"考研"成功似乎就是踏上了事业发展的金光大道，前景无限美好，但我内心狂傲不起来，暗自强调自己的定位只能是一个普通学者、研究者而已，再有作为也"毕竟是书生"，由此遂能保持心灵的平静。理想与现实之间的巨大反差，确应提醒每个刚刚步入社会的年轻人，以避免他们因没有精神准备而突然出现心理失衡、无法自拔。反思以往传统，我们有不少励志的警句，人们似乎很轻易地就能发出这样的豪言；不过，我们也必须警惕，尽量不要出现说话的巨人、行动的侏儒这种现象。历史上豪言壮语者众，但真正实现者寡。大多数人都是空有凌云志，终末方觉一场梦。诚然，我们的文化及传统仍然在鼓励"吾辈当立鸿鹄志，浩浩乾坤搏自强"，并以司马迁之言"燕雀安知鸿鹄之志"讽刺那些胸无大志、目光短浅者，却仍需告诫人们需有自知之明，以守住"普通人"的"平常心"。为了扼制浮躁、浮夸之风蔓延，尤其应该从理智上坚决反对好说大话、轻言重誓，但在关键时刻却忘了或根本不顾自己的誓言、承诺和初心之风。我们不需要那虚假的飘逸，而应保持基本的尊严和稳重。

（三）

其实，在人们所追求的"真善美"中，就已经内蕴着具有其本质性的人之尊严和神圣，没了这种尊严和神圣也就从根本上失去了人之"美"的光环；如果在普通人的世界中既然已经无"神"，那么则更难有"圣"的理解和追求。若回到现实中冷静反思，张载的这种伟大抱负有几人能实现，孟子的这种崇高品质又有几人能坚持，而范仲淹的这种境界更有几人能达到！多数人为之激动不已，却往往也不过"激"后难"动"，相关警句只能成为精神追求所向往的豪言壮语，让人豪情满怀，但也仅仅如此而已。大部分人都是在平凡甚至平庸中度过一生。其实，发出上述不凡之言者，能够笑到最后的乃凤毛麟角。而且，这种崇高或"拔高"的思想境界也有着历史的提炼过程，如张载的"横渠四句"在其《张子语录》中本为"为天地立志，为生民立道，为去圣继绝学，为万世开太平"(《张载集》，中华书局1978年版，第320页)，后被多种版本的传解而成为至今所公认的"横渠四句"。曾流传有"立志""立道""立极"和"立命"等说法，朱熹在《近思录》所言"横渠四句""为天地立心，为生民立道，为去圣继绝学，为万世开太平"(《近思录》卷二"为学大要"，中华书局2020年版，第123页)被冯友兰视为虽是明显的"误忆"，却更符合其"义理"。文天祥在殿试时亦曾写下这"横渠四句"。而清代黄宗羲所著《宋元学案》卷十七"横渠学案"中已经记为现成定式的"为天地立心，为生民立命，为往圣继绝学，为万世开太平"(《宋元学案》壹，中华书局1986年版，第664页)。实际上，这乃中国古代士人"格物、致知、诚意、正心、修身、齐家、治国、平天下"(见曾子《礼记·大学》)之抱负的拓展和引申。古代士人所追求的人格理想乃"士君子"及"圣人"，"好法而行，士也"，"笃志而体，君子也"，"齐明而不竭，圣人也"(《荀子·修身第二》)。"君子之德风。小人之德草"(《论语·颜渊》)，君子有着"自强不息""厚德载物"(《周易》)的使命，起着引领社会风气、传承优秀文化的作用。因此，牟钟鉴曾指出君子应该具有"仁义""涵养""操守""容量""坦诚"和"担当"(《君子人格六讲》，中华书局 2020 年版)等崇高人格。这些论述应该早已为中国文人学者的思想境界等发展指明了方向。不过，理想因其"空"而高不可攀，很难有人企及。我们的先人已论及各种类似的理想抱负，提出这类"应该争取"的境界，但在如何实施、真正实现上却语焉不详，缺乏有机衔接，而且真有如此成就者乃寥若晨星，且主要在政治领域。例如，曹操的成功使之有着"志在千里"的"壮心不已"等咏志之歌；岳飞驰骋沙场、精忠报国而流露出"仰天长啸，壮怀激烈"的豪壮之情。而"惜秦皇汉武，略输文采，唐宗宋祖，稍逊风骚。一代天骄，成吉思汗，只识弯弓射大雕。俱往矣，数风流人物，还看今朝"，也只有毛主席才能显示出如此气魄。政治领袖的成就往往让知识分子群体汗颜。

我们在"文化大革命"期间听先进人士讲述其先进事迹时，往往听得很感动，很激动，而之后的跟进却似乎很难。由于过于拔高而给人不真实之感。此后所谓"先进人士""领袖后备"原形毕露、令人不齿，更让人对他们的认识产生巨大反差，不再信服。远视多英雄，近观皆凡人。这些人多么优秀之"虚"已使人失去种种光环，但普通人无尊严这种严酷之"实"却无法躲避，乃多数人的命运；对之虽可以无动于衷，却不得不存在于其中。士人学者面对其生存环境或抗争、或适应，但抗争且胜利者鲜有，妥协并适应者多见。人一旦失去了尊严却还屡遭羞辱，其"真善美"的实现则成为奢谈和空想，其"圣"与"贤"的尊位也颇为讽刺或滑稽。古代封建社会的臣民其实就基本上没有这种尊严，被羞辱乃常态。孟子的"民贵君轻"观念只是对其社会真实的颠倒反映而已。于是，追求和现实之间有着无限差距，所以人们能够欣赏的只能是一种抽象、空灵的境界，这种境界伟大但空洞，因而往往在实践中被虚化，成为彼岸幻影。有多少人的抱负最终都沦为水中影、井中月。

"士人"在理想与现实之间的巨大悬殊折射出我们古代文化中曾有的悲剧，"士人"最后也只能是"虚己"，且多"无为"而终。在中国古代社会，那些踌躇满志的"士大夫"往往可能会眼高手低，在思想宏论上可以天马行空、趾高气扬，而在现实践行中却难以脚踏实地、稳步迈进，大多会挣扎于举步维艰之中。结果他们虽浪漫陶醉却悬在半空，一旦跌下来就会摔得很惨。在这种处境中不少知识人往往是"闲白了少年头，空悲切"，尽管他们"壮志未酬"，却也无可奈何。此外，当封建社会只会鄙视知识人，习惯从中寻找替罪羊时，殊不知病根其实就在于这一社会及其文化本身。反思过往历史，如果不能从空洞的浪漫主义回到写实的现实主义，进行接地气的实质性改进，那么中国社会发展可能难逃循环反复"永恒的轮回"的命运。古代"士人"空喊了数百年、上千年忧国忧民的理想抱负，却没想到最后会遭遇晚清中国"国家蒙羞，人民蒙难，文明蒙尘"的惨景。所以，仅有空洞的浪漫情怀无助于社会的改革和进步，高谈阔论还需接地气。因此，有效促进、提升我们的文化才可能带来最根本的转变。

（四）

　　记得自己刚进入学术领域不久，就注意到国内学术界曾流行并提倡的"不唯书、不唯上"的观念，社会主流舆论有着各种称颂和推荐，这种肯定保留至今。若仔细分析，则会明白那时正赶上"文化大革命"结束，万象更新，社会正在拨乱反正，国家发展走向未定，新的权威亦没有确立，于是理论界则可"不唯上"地驳斥"两个凡是"，否定守成持旧的相关意向，主张实践乃检验真理的唯一标准。此境之中的"犯上"并无太大风险，还被视为引领时代潮流，不少同窗学友那时都在非常乐观地准备迎接中国式"文艺复兴"时代的"将临"。回想起来，这种局面的出现乃当时恰好处于社会转型、权力交接之际。一切似乎尚未确定，故而人们就比较大胆，学者借此也可有所放肆。大家都在畅所欲言，也就真实感受到"百家争鸣，百花齐放"的气氛。由于那时的权威并非真正的权威，人事更迭频仍，也无一言九鼎之声，故可以没有压力或不用太顾忌各种声音的出现。但很久以后，记得在我参加的一个研修班上有人告诉我们，诸子百家产生于春秋战国时期，之所以人们可以尽情表达各种思想见地，其社会背景乃是战争和动乱。在这种忧患时期，政治对抗的激烈可能让人无暇顾及人们思想的走向和言论的放肆，于此精神的自由有可能被容忍或放纵。但这只是短期现象，具有特殊的时代背景。这种体悟或解读也是颇为独特的、使人冷静的告诫，其意思好像是让大家清楚，一旦社会趋于稳定，这种思想的活跃、观念的多元就不一定再有必要，甚至也不可能再会出现。恰如其言，社会的一统与思想的一统乃有内在关联。战国之后秦朝以降，此前盛行的百家众说遂荡然无存。秦始皇给人留下的强烈印象是"焚书坑儒"，从此也不再有诸子百家。而政治与理论的权威随之建立，并且得以长久赓续。的确，在后来中国封建社会中，虽然钦定之经典戒律等"书"可能会被人批评，皇帝偶尔也会有"罪己诏"般自责的屈尊，但其权威性通常是很难被质疑或冲击的。而在这种传统中就会渐渐发现"书"和"上"之"不唯"却并非随意说说那么轻松，若不"唯上"则会被看作"犯上作难""以身试法"，乃"欺君"之罪。这在历史中去真正践行者少，其中亦有人为之付出了生命的代价。人们对这些英雄极为敬佩，但愿意追随并在关键时刻挺身而出者却颇为罕见，多数人会望而却步。因此，有人曾颇具讽刺但比较真实地指出，敢于往前走一步者或许是勇士，但敢往前再多走一步者则往往会成为烈士。通常行一步者有，而再前行者却罕见。所以，"谏者"见皇帝不悦就可能戛然而止，而大多数人也都会审时度势、适可而止。最近看到美国电影《奥本海默》的影评，也论及一旦忠告或谏言被拒或遭到批评，那么知识分子就可能会出现噤若寒蝉的沉默或怯懦。只是社会底层被逼至绝境时才会出现"农民起义"，以决斗的方式向封建统治挑战。虽然封建体制中多设有"谏官"，但他们仗义敢言仍限于皇帝的容忍程度之内。这种处境中的臣民多以唯唯诺诺来对待，甚至会有人感到如履薄冰而战战兢兢。因此，趋炎附势者众，特立独行者寡。只是在时过境迁、舆论开放，特别是改朝换代之后，才有人堂而皇之地说起类似这两个"不唯"的话语，显得颇为敢说敢言，对过往统治者的种种不是痛加批评谴责，而附和者则也突然增多。但在其真正需要时，却普遍沉默，故有龚自珍"万马齐喑究可哀"的感叹。据说苏联曾流传有一个段子，说在一次大会上赫鲁晓夫已掌权而猛批斯大林，此时他收到一个纸条，上面指责他以前为什么不当面批评斯大林。赫鲁晓夫非常恼怒，于是向大会喊道，写此纸条的有胆量就站出来，结果会场上毫无动静。其实社会真正需要的不是事后诸葛亮或非临其境的"英雄"，但难有正置身其中的孤勇者和奋起者。中国古代知识分子的实践历程就是如此走过，历史上真正有为者不多，而记录下来的则多为不得志、怀才不遇的自怜或叹息。但这只是呻吟而无反抗，只是抱愁而非孤勇。或许，这种仕途不顺与他们的心路历程截然不同，只有当事者自己才心知肚明。因此，对"书"和"上""唯"或"不唯"，一方面在于对相关"书"和"上"具有特定时空的理解和评价，另一方面则反映出其实践者对这些所具有的判断及勇气。

中国学界需要一种对古代文化传统包括知识分子传统自省性的反思和自我批判的精神。但整个社会也要面对历史，勇于担责，意识到"士人"毕竟是社会及时代的产物，实际上乃为社会中的弱势群体。当然，古代社会环境使文人学者的这种大胆作为，既有主观上的不能，也更有客观上的不行，从而也就使大多数人从浪漫主义的空想不得不回到现实主义的境遇，甚至还有追随老庄精神的退隐。故此，说破封建社会"皇帝新衣"的往往只会是少不更事的"稚童"，而一旦这些孩子成熟则也就多会变得世故圆滑，不再那么率直。中国"士"的历史就是这样，在封建威严面前不得不亮相表态，甚至没有"沉默"的自由，而只能唯心地高呼"吾皇万岁万万岁"。

这在现代拍摄的古装片中有着太多具有讽刺意味的表演回放，难怪人们会说人生如戏、戏映人生。实际上，更为遗憾的是反其道而行之者却大有人在，历史上也不乏助纣为虐、落井下石的案例。最近贺岁片《满江红》大火，也折射出在揭露相关历史人物时的复杂心态。这一历史中岳飞常有，却也不乏秦桧的出现，而且往往是英雄的悲剧更多，其"泪满襟"乃成常情。于此，任何理想的实现及相关原则的持守，都会首先以其践行者的社会生存和实际来作为其基本条件及实践前提。所以说，真实的学者都不可能离开理想与现实之间的存在及作为。此即"学者的独立与自由"所需要的社会存在处境及话语表述氛围，从这一语境中抽空而谈则纯为空谈。这里，学者真正所向往的"独立与自由"与实际上能够践行的"独立与自由"则较难相提并论、同日而语。故而有着历史发展中知识阶层的各种复杂亮相和表态，以及其中对比鲜明的分化与分裂。与其谈论"应该""必须"这种空洞的理念，不如思考如何具体有实践的"可能"。中国古代推尊儒家，其经典成为"圣贤之书"，但若无历代封建君王的反复推崇，则不可能延续流传至今。中国古代的"圣"和"贤"，或被认定的"神"与"仙"，必然都有历史上相关皇帝的钦定和册封。当人们在回顾这些圣贤及神仙之确立时，仍会对君王提携或裁定之功津津乐道。今天民间重新出现对儒家思想的强烈推荐，但实际进展并不明显。如无自上而来的表态，仍很难达到其质的突破。于是，对所谓"书"和"上"既有"唯"或"不唯"之历史选择，也有如何去"唯"的时代甄别。

在漫长的中国古代文化历史进程中，不少知识分子要么热衷于成为某种附"皮"之"毛"，将理想寄托于"学而优则仕"；要么在怀才不遇中郁郁寡欢、不得解脱，沉溺于"心郁郁之忧思兮，独永叹乎增伤"（屈原《九章·抽思》）而难以自拔；要么则"道不行，乘桴浮于海"（《论语·公冶长》）而远走高飞，选择逃避和逃脱。可以说，中国古代知识分子一直没有弄清楚自己的真正定位及真实使命。在过去的传统中，不能成为"仕"的"学"好似毫无价值，而作为依附权势之"皮毛"的知识分子在封建社会也微不足道、地位卑微。李零教授通过深读《论语》而感叹孔子一身抱负、满腹经纶却无处可用，颠沛一生、流离失所而如"丧家狗"。在这种社会处境中，人才再有才，在封建帝王的眼里也不过只是奴才，所以封建官员的自称表白大多就是"奴才"。若不"识时务"而为"俊杰"则可能遭到冷落，甚至命运很惨。"孔圣人"在世时并无全国普遍公认的圣贤之尊，只是后来才被皇上奉为圣人，而且是基于多个朝代最高封建统治者的直接推崇。如前所述，大凡中国古代历史上的其他圣人和"神仙"，也都需要得到君主帝王的册封，否则名不正言不顺，很难形成传承。作为"至圣先师"的孔子，其在天之灵不知知否。

（五）

在现代社会中，这一状况需要得到根本改变。在一个重视知识文化的社会中，知识阶层成为真正具有较高社会地位的阶层。但达到这一转变绝非易事。虽然社会环境变了，知识分子的地位有了明显的改善，"尊重知识，尊重人才"也逐渐成为全民族的基本共识，却仍会有贬损知识阶层的"沉渣"泛起。回想"反右"中的所谓"右派"主要是知识分子，而"文化大革命"中知识分子则干脆被归为"臭老九"之类，曾被全民所唾弃，这就值得我们在文化深层次上检讨和反省。历史上对知识分子的鄙视在"百无一用是书生"上得到典型表达。因此，在长久的封建历史冲荡及洗磨中，有骨气的知识分子就只剩下内心的自傲、孤傲了，甚至还没有公开表露的自由，否则后果可能不堪设想。所以，知识分子的典型形象多被理解为孤独、任性、怪癖、不合群等，让人觉其扭曲与痛苦。这些年来，人们突然增多了对苏东坡、刘禹锡等怀才不遇、屡遭贬谪的文人的纪念，其实就是对那个时代的间接批判。但人们潜意识中却也流露出只有"学而优则仕"似乎才乃正道的思想，故又曲折地保持了这一传统。如在一些行政机构人们只能在行政岗或学术岗"二挑一"来选择定岗时，大多人选择了行政岗。当然，其演进中甚至也有"仕而优则学"的反向发展，从而又使"学"及学者更为贬值。非专业人士决定专业事宜，外行领导内行的现象也经常出现。而学界的失误及学者水平的参差不齐，使专家教授被讽为"砖家""叫兽"。实际上，在任何社会中如果没有得到基本尊重，没有可以畅所欲言的平台，作为"谋臣"的这些学者则很难真正发挥其建言献策的智囊作用，其"叫"必假，其"授"亦虚。当今社会包括知识阶层内部有对中国文人的各种批评，主要是指责他们标志性的"浩然""刚毅"的文人风骨及气质已荡然无存。孙郁在《苦路人影》中关于中国文人的这段评价颇值得我们琢磨玩味："走上十字街头的实践者，多伤痕累累，内心温润的存在日稀；而那些沉浸在审美静观里的人却有了深厚的生命之力，至今仍可滋润人心。"为什么不少文人学者最终还是选择了躲进其内在的思想"小楼"，而不再义无反顾地投身外面的"春夏秋冬"，对此，整个社会都需要有自我批评精神来加以深刻反省。文人学者在回顾自己一生时多会概括为"苦路""苦旅"，其精神负担并不轻松，哪还奢谈什么豪情满怀。

　　实际上，一个国家、民族复兴、兴盛的希望主要寄托在其知识、思想精英上。这些人理应是社会的"先知"和"良知"。拿破仑当上皇帝后对人民极为轻视，在他眼里"人民"不过就是"无数零的集合"而已，"群众"也仅仅是一个空虚的符号。但他对知识分子的作用却非常重视，可惜只是反其道而行之，在他与德国争霸时就注重对德国教育及知识精英的打压，因为他知道"征服一个民族最成功的方法就是首先打击它的知识分子"。一旦知识分子起不来，整个民族也根本谈不上崛起。社会科技界的领军人物如钱学森、杨振宁等经常感慨，为什么中国科技没有出类拔萃之辈，或者抱怨人文社科领域虽有专家却无大家。但对其原因并没有深究，对其历史也无回溯，具体分析多语焉不详，故所指责的对象很模糊。其实，知识分子在中国社会历史中的处境，确实值得我们反省和深思。若脱离其具体时空处境，对中国知识界的过高要求亦不合理。实际上，这与学者的身份认同与社会定位直接有关，也需要扭转人们对知识人的基本看法，努力形成社会对知识人的基本而普遍的尊重。一个充满勃勃生机、积极向上的社会要尊重知识、尊重人才，而不是万众仰慕玩世"明星"，憧憬轻松且好玩的"一夜暴富"。这种扭曲乃是我们整个社会的问题，也是根源于我们文化传统本身之中的问题。但人们可能迄今也没有兴趣真正对其加以反省和思考吧。没有问题意识，谈论其他则毫无意义了。

（六）

现代社会的"海外学人"也发生了变化，其中有些人可能已脱离"海外赤子"的行列。我在海外游学时，常会遇到一些从国内移民出去"躲避"却不"甘心"的学者侃侃而谈，极为轻率地炫耀自己如何敢想敢言，可以毫无顾忌地"指点江山，激扬文字"。其谈吐、气势，好像只有他们才体现出了学者的真性格；而与此同时他们也会直言不讳、居高临下地嘲笑我们这些在国内打拼的众学者们比他们懦弱，指责我们言语谨慎而行为畏缩，缺乏他们那种勇气和豪横，故而觉得不配为中国传统文化所向往、称颂之"士"。这似乎形成了境内罕"壮士"、境外多"勇士"的对比及反差。殊不知这种旁观者于此不仅"清"而且也"轻"，不曾想过他们没有担当、没有责任感，也就没有风险。不过在这种场合我也不曾尴尬或胆怯，一般都会彬彬有礼地笑而不答、戒急用忍。但对个别咄咄逼人、颐指气使，得理不饶人的高傲者，我则会对他们以细语而建议，请他们少说那些豪言壮语或空洞大话，不要觉得自己似乎站在道德高位可以指指点点，欢迎他们与我们一起报效祖国，先彻底回来与大家共同历练，以行代言，试试冷暖后再对其亲历之事加以评说或议论吧。我们尊重的是全力参与，一起经历，而不是隔岸旁观、夸夸其谈。

在此语境下的大多数场合，对方则会沉默而无言以对，可惜几乎没有能立刻积极响应者，因此激烈的争论也会戛然而止，大家无语而散。所以，"海外赤子"也要将心比心，换位思考，意识到所言所行实乃离不开自己的生存环境和舆论氛围，位于异域则有异化，真正的选择不是靠"嘴"而乃凭"脚"，不是豪言壮语而为身体力行；不同处境的学者们故而应该相互理解，最起码也要相互尊重。既然孔子早就有"道不行，乘桴浮于海"（《论语·公冶长》）的想法，在失望之际会选择躲避现实或流浪海外，或当感到自己无力回天之后则采取"无道则隐"的人生态度及生活方式，所以不必指责任何人留居海外的选择；但是，有心人如果真正关心国运，心系民族复兴，则完全可以回来投身、献身于祖国繁荣的千秋伟业，由此体悟真实的临界感、处境感。浩瀚大海是由无数的滴滴水珠所构成的，海纳百川需要的是汇聚、共融。中国的知识分子应该体现出责任和参与，而不是旁观或空论；是义无反顾地投身其中，而不是远走他乡地躲避在外。所以我并不欣赏国内相关机构或媒体邀请一些因外籍关系而已置身事外的华人学者来对相关敏感问题加以指导、指点或指教，其敢言、善言和能言并非先知先觉，其实与他们的特殊身份、生存环境相关，充其量乃毫无实效的空言虚语；而看似热烈的场景则可能会应了那句"外来的和尚好念经"的戏言。故此，这些有着真诚及热情却处于时过境迁地步的学者应该有"旁观者轻"的自知之明，甚至需要放下莫名的自恃、自傲而不要居高临下、颐指气使。对人要有最基本的尊重、最起码的谦卑。

真正的学者究竟以什么为标准，我自己说不清、道不明。但所谓"学者"这一林子太大、涉水太深却不言而喻。学者的理直气壮是与其生存的一方水土直接关联的。我们身处一个庞大而复杂的学者群体，也敬佩、叹息古代学者屈原投江的决绝和悲怆、近代学者谭嗣同断头的惨烈和悲壮。这些学界翘楚值得人们纪念，让人哀思，而其"殉道"在多大程度上唤起了民众、有多少人会追随模仿，则很难说。为此，我们也不必指责当时康有为、梁启超的脱逃、保命。他们确实"留得青山在，不愁没柴烧"，正因为生存下来而才有了后来影响中国的一番作为、重要贡献，为其增添了历史记载的种种光彩。不过，如今人们对他们二人的谈论要远远超过谭嗣同，这一现实颇让人寒心。

其实，中国古代士人在遭受怀才不遇或见解被否时，一般会要么殉道，要么逍遥。但社会的演变使殉道者渐少，逍遥者陡增。所以说，历史及其结局乃极为复杂的，也需要这种格局的根本改变。反观大多数学者群体，人世间更多还是平凡的生活。高处不胜寒，孤勇者悲惨。我们敬仰屈原、谭嗣同之辈的风骨，对其以生命代价来维护的独立和自由虽不能为却心向往之，佩服这种"我以我血荐轩辕"的壮举。但他们的骨气是以气断骨寒为代价的，很遗憾这样的勇者是多么凤毛麟角，不可多得。也不能苛求每个人都成为这样的殉道者。况且殉道者最终也只是选择了自我了断的自由，并没有获得其心灵向往的真正自由。而选择活着却仍为一种被动的自由。为此，我们也应该尊重古代"士人"以沉默是金来保持的独立与自由，理解其"于无声处听惊雷"的意蕴及持守，也同情其归隐山林、自我放任的逍遥，这至少还在内心中维护着个人的尊严和真诚。古代"士人"现实中的失败也并不妨碍其精神的执着，他们在社会追求上不得不"认命"，但在精神追求上却不会轻易"认输"；他们在现实挫折面前会选择"放下"，但在思想境界上则不甘简单的"放弃"。这种精神之魂游荡于中华民族的历史变迁、沧海桑田之中。直到我们这一代知识分子才"萧瑟秋风今又是，换了人间"，大概可以通过一定的平台来建言献策了，因为至少有着"双百"方针的政策保障。但这仍然也只是相对而言，我们仍处于历史进程之中，还须为其尽善尽美继续努力。所以，我们要对广大学者予以理解和宽容，不要对他们过于苛求、高求或为难、刁难。这首先就需要社会对学者有最起码的尊重和最基本的认可。一个不尊重知识、不爱惜人才的社会是没有希望的，在国际竞争中也不可能占上风。但我们也要鄙视现实中越来越多的虚伪与圆滑及知识界的隳沉，真诚希望学界中表里不一的人越少越好。

（七）

在高科技发展的今天，最近推出的 ChatGPT 好像可以代替知识人以各种文风写出满足各种需求的文章和著作，包括古诗和新论，这给知识分子的特殊存在带来了危机，敲响了警钟。以往对机器人的理解是神速的编辑、归纳和汇总能力，并没有想到其"学习"上的超常和"创造"上的奇特。有人认为其功能不过是"高科技的剽窃"，但忽视了其"学习"功能至少是看不出"剽窃"的创作或创新。ChatGPT 这类智能机器人的诞生是对人类严重的警告和挑战。

从 18 世纪人是"机器"的观点到 21 世纪机器成"人",这是一种颠覆性的转变。随着机器人超常的学习能力及速度的发展,它们会把人的智能远远抛在后面,加之其自我编程功能的成熟,以及在智能、情感程序上的弥补及完善,好像机器人可以满足人类的一切要求,机器人超过并淘汰人类已指日可待。这种发展明显预示着刚出现不久的信息时代却正在给智能时代让位。于此,机器人就有可能成为"超人"甚至成为不可思议的机器之"神"。如果人类不能满足有"自我意识"的机器人,人类掌控机器人的状况就可能被颠覆。若不加警惕和防范,人工智能将标志着人类的自我毁灭和"人智"时代的结束。

过去的学术创作主要是个人的努力,即使集体项目也仍然是基于个人的力量,在知识结构上有其个体性。而今天以 ChatGPT 为代表的人工智能却是基于众多个人智力之合成的大模型人类知识。这既是对传统智能的超越,亦是其异化。不过,ChatGPT 这种"写作机器人"目前在现实社会中,是否也有"文责自负"、被追责问责和封杀惩罚的问题;它有没有"思想""精神""直觉""主观""情感",这些疑问都会被其"学习""超胜"之潜力所破解,故其设计、构思、意向选择上的复杂当然应引起注意,切不可小觑其"学习""跟进"之"超能"。此外,其"创作"的"意识形态"性质及归属可能也是人们始料未及的,它超越了个人意识形态的限定,而具有大模型人类知识体认的意识形态特征。所以就有如何对它掌控的忧虑,以及在一个法治社会对人工智能怎样立法执法的问题。一旦机器人闯入人文社科领域,就很难避免与政治、意识形态领域的干系。人与机器各享受何种自由，有着多大程度的问责或免责，以及将来谁会"胜出"等问题，这都值得当今社会认真思考。此外，当人们在议论当代人文学者似乎创新能力不够之际，ChatGPT 这样的人工智能是否会迸发出其独特或独有的创新能力，而不再囿于原初为之设计的大数据归纳与综合功能，从而彻底摆脱人类对其束缚而获得其机器人自己的思想独立与自由？一旦人工智能形成自己的"思想"及"主观"，以其"独立"和"自由"而超胜人类，则可能是人类的灭顶之灾。这一想法让人后怕。其若克服知识分子的懦弱，以一种机器人的"大胆"和"自由"来取代"思想"匮乏、"主观"式微的人类，已绝非危言耸听、杞人忧天。

（八）

人文领域各专业之间的差异也颇大，对其产生的理解的社会氛围也明显不同。其与自然科学的巨大不同就在于人文学科很难真正创新和时有重大突破。充满哲思的古希腊人早在两千多年前就已感叹"太阳下面无新事"，人文社会科学的独特意义就在于思想的深邃和见地的透彻，而不要奢望每天都能出新思想。这里，我们需要特立独行的真知灼见，而不要人云亦云的重复浪费。当然，目前人文社会科学领域"大家"罕见、"杰作"稀少虽乃实情，也确有隐情，这并非就是中国学界到了我们这一代学者就"江郎才尽"、表现无能了。虽然人文学科创新的空间不大，老生常谈为多，却仍有可能出现真知灼见、睿智妙计。古代贤哲曾呼吁"给我一个支点，我就能撬起整个地球"（古希腊阿基米德之语）。但我们的"支点"在哪、"支点"谁给？有没有真正"创新"的"平台"？实在是"我不知道""我看不见"，而仍在寻觅、探找。其实，中华民族并不缺思想家或哲学家，而是我们的社会因传统的沿袭仍缺乏允许其思想、哲智存在的宽松平台。在改革开放初期，自然科学家为"科学的春天"的来临而欢欣鼓舞、奔走相告；那时我们也跟着期盼社会科学的春天会接着同临。几十年来，自然科学与社会科学之间的发展差距明显扩大，不同处境及不同待遇亦不言而喻，二者"同样重要"的表态故仍需落实，才能让人信服。

此外，人文各科之间的研究差异也很大，机遇各不同。比如，由于有些专业的特殊敏感性，就有着文章难发，出书不易的艰难现实处境，因各种掣肘故不能从心所欲、拼出全力。而具体从业人员在挫折面前往往会感到很沮丧，无能为力且无奈。学科专业上出现"原罪"现象本不应该，且匪夷所思。学科的平等本乃不言而喻，学界也本不应该厚此薄彼。相关学科的不少领军人物都曾试图扭转这一局面，自觉站出来为之呐喊、呼吁，且有过甘冒风险、挺身而出的行为；但毕竟人微言轻，无力回天，虽屡败屡战也没能扭转学科下滑的颓势。尽管这些事情的局部状况通过相应途径或许会得到某种程度的缓解，但过程极其曲折复杂让人颇有人格挫伤、事业挫败之伤感，经历者久而久之也会觉得灰溜溜的，因失去尊严而很不自在，不愿长期如此。于是，改行者多，退隐者众，相关学科出现凄凉或颓败之迹象。要想说服社会认识到相关学科的重要和必要的确不易，需要高人指点迷津，破除困局。当然，应该说在人际社会中这种磕磕绊绊其实也是平常之态，因为"人生如逆旅，我亦是行人"（苏轼《临江仙·送钱穆父》），事业上会碰壁也并无奇怪之处。在此处境中，对专业的执着可能会动摇，但若不甘放下或放弃，随之则会触发学者扩大探究范围的想法，总会相信天无绝人之路的救渡，期望另辟蹊径的解脱。这一念头是对是错好像也说不清楚，颇让人纠结、犹豫。但相应的选择也需要善解人意、同情包容。在无法改变现状时选择放下、转行，在某种意义上甚至仍是执着和留存骨气的表现，这在学业上可以是由"窄"转"宽"的扩展和升华。甚至当努力无果时亦应随遇而安、道法自然，于此必须尊重自我，珍惜时光，意识到自然即自由，争取以另一种选择来使有限的生命发光。

在专业的选择上，我曾与考古所原所长王先生聊起专业选择的初衷。他说当时就想选一个比较冷门的专业，可以潜心学问而不会引起人们的特别关注，他当时觉得学考古就应该是这种冷门选择的典型；但没想到考古学如今会这样红火，几乎热得不能再热；近年来中央政治局集体学习多次以考古、古代历史为主题，他也多次被邀请做专题讲解。随着社会对考古的兴趣越来越浓厚，他本人甚至已成为电视明星及公众关注人物而频频出镜，家喻户晓，并被评为中国"2022年度影响力人物"。另外，二十多年前我们曾在一起学习的一位报告文学作家同学更是以其红色经典的作品而火遍全国，曾多次获得中宣部"五个一工程"奖，不仅常有新作推出，而且他的作品亦也频频被改编为电影或电视剧，被社会所赞誉。有了社会的"加持"，他们的专业或事业红红火火、如日中天，其研究写作也顺风顺雨、如鱼得水，可以纵情发挥、及时发表。对比之下，我们所选择的专业则显然不同;本来就看似也比较冷、比较偏,社会可能并不会特别关注,也不需要人们都去深入理解;但社会各界对我选择的专业仍有着高度肯定和热情支持,其重要性被作为支撑中国哲学社会科学的十一个关键学科之一而也得以昭示。那时我们单位领导曾要求大家"有为才能有位",鼓励学者在专业研究上积极有为,多出成果、出好成果。故此,大家也想踏踏实实、坚定不移地在这一专业领域走下去,奉献终身,并为能推出成果而有着许多研究构想和写作规划。却不料蓦然回首,突然"发现"此专业竟然会有敏感之嫌,社会对这个专业似乎也有着莫名的排拒,出现了不让你"有为"的奇怪现象,故而其"位"随之可能不保,相关探究遂陷入了步履维艰的窘境。对比中的这种反差,可能让专业上的"失宠者"或"失落者"丢魂落魄,没了自我。

其实,严肃认真的科学研究就必须面对敏感、复杂的问题,而不应该因为研究对象的特殊敏感而导致对整个学科的普遍敏感,也不能由于研究的问题的特殊性质而让整个专业不再探究这些问题。如果不坚持或不发展相关学科,则迟早会出现观察、研究国际时局、社会变动的盲区与空白。况且,这种将研究者与研究对象的性质完全等同的理解也是匪夷所思,没有道理的。所以,相关学科不可被罩上需另眼看待的"光环",不要引导人们对它们"无意识化"或"去意识化",导致故意排拒或边缘化。在繁荣哲学社会科学的今天,不能让某一个学科面临尴尬处境,也不要让从事这一研究的学者们莫名其妙产生类似"原罪"的感觉。我们要坚持学科本来应有的正大光明、坦荡的气魄,没有必要让相关学者产生对其专业不敢名正言顺之心虚或缺乏自信之退缩。既然社会科学也是科学，那么其学科专业选择就不应该有"禁忌"，各个学科都需要有同等的地位，不应因学科不同而造成巨大差异。在我们的社会中显然不该出现这种现象。

但是，相关研究问题的敏感性、复杂性仍必须去面对、去正视。对一些问题的警惕性及警钟长鸣当然是必要的，这也不必讳言。其实，在长达几十年的专业研究中，我们已经特别注意到相关研究问题的敏感性了，也一直尽量小心谨慎地处理好相关事宜，保持低调。比如，不少学科的专业活动会千方百计地想邀请相关媒体参加和报道，让其造势以便能扩大影响；而我们有些会议则尽量不让媒体采访及报道，记得我本人就曾多次劝拒中外媒体想参会报道的请求，甚至还有将央视报道组也拒之门外的奇特经历。这种举动一般而言乃不可思议，无法想象，但在我们研究领域就可能常常出现。对于如何把握好研究中的相关分寸，我们心里应该还是有数的。相关论点都会考虑到言之有据，符合事实。当然，也衷心希望我们的专业知识及专业能力会得到社会的起码尊重。于此，"术业有专攻"，对学术专业的研究成果不应由该领域之外的人员来判定其对错，更不要以任何方式压制或拖延严肃、科学的学术见解。专业失误当然应负相关责任，而无视专业知识所导致的失误则要承担更大的责任。当在比较严肃认真的专业领域中，任何人都可以进入并把握住其话语权及舆论权时，其专家显然也就异化为"败家"了。一旦专家失效，那么"砖家"就可能横行。这种教训是惨痛的，应该及时吸取。

不过，学科的复杂差异性并不是学者可以预料到的，而只会身不由己、鬼使神差地遇到；所以当事人也不必有早知今日何必当初的懊悔和遗憾。我在一些高校或研究机构的中年研究人员面前似有一种说不清的"负罪感"或"亏欠感"，因为他们会不经意地流露出他们当年是看了我的书才入此行的，而如今的学科窘迫却让他们不知如何继续前行。我已老而退休，但他们仍处于事业的半途。至少在五六年之前，我就因这种尴尬而停止了招生和去大学讲课，生怕给年轻人带来误导。因此，我们所不希望的是把研究问题的敏感性嬗变为学科本身的敏感性，更不愿看到学科之间竟然还会出现这种极不平衡的处境。学科构成有其严肃的科学性和真实的社会需求，理应平等对待。而对于任何不曾预料、无法躲避的相遇，在很难得到稳妥解决的情况下也只能依靠学者本身随遇而安的定力，故而只能期望相关者好自为之，能化险为夷。

当然，研究者自身必须要有文责自负的勇气和担当，应该严肃认真、小心谨慎地审视自己的研究成果。不过，也有必要区分开研究的风险与禁区。社会科学在各专业领域都应该繁荣发展，所以要及时纠正影响到学科存在及前进的任何偏差或偏见，想办法制止因研究困局所导致的人才流失、学者转行等不利状况。因此，需要保护好仍在坚守这一学科的人，避免其因成果难出遭遇到考核、职称、竞聘等瓶颈，不要让他们感到难以为继。我们要创造比较宽松的社会环境，积极推动学术繁荣，呼唤学术大家的出现。必须及时防止因学科设限状况的延续而导致许多研究无法深入进行下去的趋向，杜绝相关成果因为不能及时面世而失去其本有意义及现实价值、成为过眼烟云。当代西方学界有句名言，"要么出书，要么完蛋"

（Publish or perish）。而当中国学界严格实施学科成果考核制度之后，这句"西言"对我们而言则绝非"戏言"，已经成为涉及学者切身利益、必须认真面对的"中国实际"；而且有些研究中心如果没有成果出现则会很快遭遇被取消的命运，对于相关专业或课题来说也是灭顶之灾。这种态势如果不能制止，整个学科的衰弱和萎缩则无法避免。我们的社会及制度优势应有能力避免这种两难及尴尬局面，在学科及学术发展上不会重蹈西方学界之覆辙。况且，在精神信仰的探究上，中国学界本来已经具备了弯道超车、在世界学术舞台得以充分展示的实力，完全没有必要因为我们自己的折腾而坐失良机。在这里，我从内心呼吁，要促进学科"大家"的出现和创新成果的问世。现在也真的亟须相应的支点和平台，给学者提供可能的生存空间和出彩的舞台。

（九）

在学科如林、选择多元、需求广泛的现实中，学者自然有理由调整自己的研究，避免对自我有限学术生命的浪费。于此，我们应该及时消除相关学科之间的差异及不同处境，鼓励学者理直气壮地开展相关研究。因为这种差异会使人觉得择业的"先知先觉"似乎乃一种"天命"，让业内人士产生人算不如天算的感慨或懊悔，尤其是害怕自己发现已经深陷其中却无力自拔，出现即使想转业改行也已为时过晚的失望和焦虑。如果在一些比较具体而现实存在的问题面前碰壁，不仅会导致业内人士的事业挫败感，而且还可能引发各种分散精力的胡思乱想，更会影响到年轻学者的学科选项，导致相关学科后继乏人。一些人可能以自知之明的识趣来选择知难而退，检讨或后悔自己的择业，其后果则是真有可能出现学科空白及学术盲点，导致一旦遇到疑难问题却无人提供内行知识和专门研究的尴尬。

学者要持守"独立和自由"，在于与其存在的社会的双向互动，否则其想法就会显得空洞和空虚。而"独立和自由"也只能相对理解，其空谈则会遭遇被泼冷水之感，被视为不着边际的奢望，或为某种莫名的讽刺。现在有学者指责人文社会科学领域出版、发表过多过泛过滥，虽是实情却不全面，因为这里也有着学科之间明显不平衡的状况，存在"饱汉不知饿汉饥"的反差。如其所指历史等专业中的确有了太多对"历史"或"经典"不合实际的描述或任意打扮，过分影射、解读及发挥使之走向了异化。但有些学科却并无这种无拘无束的拓展可能性，其发展仍处于如履薄冰之境，不少人在苦苦地为其成果能及时问世而挣扎、打拼。若冷静思考，则会明白创作没有一定量的积累其实也不可能就直接推出杰作，自诩"精品"而想"一鸣惊人""一炮打响"只是"涉世不深"者的春梦。殊不知有多少人磨了十年甚至都难以磨出一把利剑，因此绝对不要有任何急功近利的歪想。当然，人文社科领域的标准也很难统一，见仁见智，看法迥异者无数，并非马上就能获得公断。而世界上有许多事情本来就是怎么想也无法想明白的，没有现成的标准答案。社会科学如此，甚至自然科学亦然，如当前"两暗一洞三起源"（暗物质与暗能量，黑洞，宇宙、生命和意识的起源）的问题就难以精准回答，而"量子纠缠""量子坍缩"现象更是让人匪夷所思。为学故而也不能钻进死胡同，必须持一种开放的态度，留有足够的回旋余地。面对难局和险境，或许"退一步海阔天空"，可能会给人峰回路转的机缘。同理，郑板桥"难得糊涂"的传世名言可能就是学者当时的有意为之或不得已而为之，于此还折射出古代"士人"的某种睿智与清醒。当局者迷，有时候公平公正的评价可能需要长时间的等待，故而也要耐心地容忍或相信其"迟到"。

但是也必须看到，中国古代文化传统还给人另一种景观：既然任何不甘或无奈都无济于事，那么与其在挫折、碰壁和等待中浪费光阴，还不如另辟蹊径、可为而为，难为则弃，故而就需要舍得、放下，以更高的睿智来对待当下。这同样也体现出学者心向往之的学术独立、自由，以及自我珍视的学者尊严，"不为五斗米折腰"。事实上，思想的涌动不会停歇，任何阻拦只会出现"抽刀断水水更流"之效。不过，应该承认水流会起伏变动，在激起浪花后有着旋涡、回流及转弯。世界上的河流有哪一条是直的呢？但它们弯弯曲曲、磕磕碰碰、跌跌撞撞，最终都会奔向大海。当外界与你为难时，你要及时调整，不必自我为难。于此，自我尊重，学会选择，自我解脱也是一种应有的智慧，即古代中国给知识人留下的特有文化遗产。当然，这种放下也并非就只有"采菊东篱下，悠然见南山"（陶渊明《饮酒其五》）的根本放弃，而是要调整出"落花无言，人淡如菊"（司空图《典雅》）的豁达心境，看淡成败，不为己悲，即成功不必扬扬得意，而失败也不要垂头丧气。一方面，仍可坚持自己心仪的研究而不必急于发表，对于未来则耐心等待；当然学者面对的是不定性及无法预料性，对自己的学术投入及研究收获具有种种无法预测的风险。另一方面，则可选择做些同样值得的研究，把以前无暇顾及的兴趣爱好重新拾起，这里有着"天高任鸟飞，海阔凭鱼跃"的巨大空间及可能。自己过去曾有"人在江湖，身不由己"的责任的压力，尽管艰难也要坚持，必须当仁不让，于此持守的是职业道德和人在其位的使命；而现在时过境迁，退位也正好给了自己"退出江湖"的轻松和自由，退下更应放下。放下，得大自在；解脱，获大自由。对实际已退之我，则不必自我苛求；退下岗位的人员在原专业上放松，则可在其他研究领域中放任，找寻曾无暇顾及的乐趣。人文社会科学研究领域的空间本来就很大，社会的需求也很多，况且许多知识领域都有着复杂联系和内在呼应，故而不在其位后的选择当然也不会再有"不务正业"之嫌及精神负担。

（十）

实际上，这些年在时代的变化及自我角色的转换过程中，我已经开启并促进了自己扩大阅读范围、开拓更多研究领域的心思，有着"行到水穷处，坐看云起时"（王维《终南别业》）、"山重水复疑无路，柳暗花明又一村"（陆游《游山西村》）的解脱及畅想。或许，在有生之年再干点别的事业也是不错的选择，而且也可借此摆脱困境，走出围城。大多数学者并不奢望辉煌，而只是为了具有意义的存在，希望能够对得住自己有限的人生。当然，这种想法对已近七十之古稀的我尚可自慰，但学界年轻的人们则千万不要仿效我们这种老朽的颓废，仍要有在其位、负其责的担当，以戒急用忍的韧性来把我们的学科及事业努力延续下去。况且"老夫喜作黄昏颂"，甚至老之已至的我们这一代也不可轻言放弃或止步，而只能有学术兴趣及侧重上的转型和调整，且仍需尽量散发余热。这里，可以用吴于廑先生所言之"学术转弯"来自嘲自解，从而不再有顾虑或顾忌。有智慧的放下乃有舍而得，随遇而安。遥望未来，此后自己在知识探究上追求"博"而"擘"，在人生意趣上体悟"高"而"雅"，或许也会有新的愉悦和收获。

　　其实，上述选项也并非中国"士"之真精神的全部。在那些并不令人满意的选择之外，当然还有别的可能、真的希望。这里，并不能仅靠"孤勇者"（以此为名的歌曲曾成为2022年最为流行且最打动人心的歌曲）的特立独行、单打独斗来感动天下，责任仍还需面向大众，民众共同反思中国文化及其人性特征，在其改善、提升上做些有益的事情。传统意义上的"士文化"并未穷途，而可开辟新的天地。因此，中国知识分子需要有自知之明，也须放下"天将降大任于斯人"那种自命不凡的身段，意识到自己乃天地之间"小小的我"。目前，社会并不觉得知识分子就会高于庸庸之辈，而仍残留着对"酸儒"的鄙视行为。因此学者不要有任何优越之感或自诩可具"鹤立鸡群"之位，而其责任就是要以其知识和思想来走入社会、唤起民众，筑牢社会的文化之基。中国传统文化中的一大缺陷可能就是知识界与社会大众并无有机衔接，二者之间的沟壑颇为明显。而脱离群众的知识分子只能是"高处不胜寒"，其抱负会被误解或讽刺为"孤臣孽子"情怀，若好高骛远则会一事无成。学者所追求的独立只能是精神层面的，很难在现实处境中完全达到政治及经济层面的真正独立。因此，迫切需要的不仅是如何帮助学者走出窘境，更应该鼓励学者继续推动社会大众的启蒙。而走向民众虽为平常之事，却需要行稳致远、驰而不息、久久为功。当社会并不理解和认可学者的高傲及孤僻时，学者就应该自我反省，从而放下身段，沉潜于民众之中，悟透中国社会根基的真谛，改善中华文化发展的土壤。只有深入民众，争取民众的觉醒，整个社会才可能真正得以提升。学者一旦脱离民众，其独立则会变为孤立，而其自由之想也不过是梦游和幻想。所以，从大处着想还需从小事入手，回归平淡，做一些平凡而持久的工作，意识到"不积跬步，无以至千里；不积小流，无以成江海"，争取"驽马十驾，功在不舍"，"锲而不舍，金石可镂"（荀子《劝学》）。

于是就有了自己近十年来关于"擘雅"文化的想法，不过所思所念也还只是尚不成熟的"断想"。正是在这种琢磨探索的慢热过程中，我在自己的小把玩上请人刻下了"擘雅"的标记，也制作了"擘雅德君"的印章，使追求渐为执念。为了这种学术转向和研究领域的扩大，我感觉在选购书籍、文化关切上，都有了一些潜移默化的变化，有着不同以往的更多涉猎。我常感到中国或许虽然缺乏象牙宝塔尖中的顶级学问，但是更要看到我们一直没有形成扎扎实实的大众学问、大众文化，故而导致中国的思想突破仍然缺乏基础，尚无成熟的条件。水涨船高，山叠峰秀。数千年中国文化的发展，其根本动因在于民众的需求与期盼。而民众的基本状况及素质则决定着中国发展的方向及性质。所以，我认为中国文化的未来发展至少也必须两条腿走路，即在普及和提高上齐头并进。由此看起来，对这种回归的追求在我的潜意识中可谓雄心勃勃，有时也会暗笑自己这种不知是否明智的蠢蠢欲动的行为。而总的希望，就是要彻底放弃曾经浮现的那些可望而不可即、实则不切实际的幻象，由此争取在真正"可为可行"的领域中"只争朝夕"，有所作为。而"作为"之结果或结局则不必去惦记，仅需保持"只求耕耘，不问收获"之心境。

　　最近我接触到不少关于学者之"独立与自由"的讨论，在这方面已见过不少议论或说法，看似群情激昂，认知敏锐，甚至不乏豪言壮语，但总感觉所见所议仍然仅存在于"应该"如何之层面，属于"形而上"之论，于是理想多于实践，激情胜过冷静，可能会显得空洞而不接地气，缺乏可行的现实操作性，最终会流于一种毫无实际效用的空谈。自己总感觉我们文化传统中这种激动人心的豪言壮语虽然很多，但其路径的探索、其理想的实现却很迷茫和玄虚，并无一条清晰的路径可寻。而古代发出这种豪言壮语者或是夭折，或是消沉，只有春华而无秋实，善终者稀。这样，也就有了上述断断续续、不成系统的感触及体悟。但坦诚而言，自己也没有解决这些问题的良方，依旧处于某种困惑之中，故而可能会给人以颓废、消沉的印象。但我觉得此乃自知和谦卑，而且也是对学者生存处境回归真实的冷静审视，即看淡宠辱，波澜不惊。我们过去习惯于敬慕那些具有史诗般魅力的宏观叙述，也喜欢模仿其气壮山河的崇高表达，但"数风流人物还看今朝"在真实意义上只能是政治领袖的气派和风范，并非常人可有或可为。学者应有自知之明，意识到自己"毕竟是书生"，而不必用高不可攀、力不能及的"宏愿"来陶醉或麻醉自我，因为这样可能会带来更大的失衡及失落。我们有"鸿鹄之志"，但不能好高骛远；我们可以大义凛然，但不要盲目自傲。其实，我们迫切需要的是必须面对真实而阐发，基于实际来探索。中华文化可持续地顺利发展，在于社会大众的思想觉悟和积极参与，基于整个中华民族素质的提高，不再幻想空论，而需脚踏实地。为此，学者的人生态度和精神气质应该是看得透、想得开、行得正、活得好，其努力在于务实而非空想，在于善接地气而非飘浮在半空，故要看到自身的缺陷和短板；并且要意识到，任何"独立与自由"在社会中都只能是相对的，有条件限制的，不是个人可以随心所欲的，更不能罔顾自己的生存处境而有所奢求。在自身无力改变客观外界的冷静判断中，则只能主动调整内在自我，积极适应社会发展，回归民众的文化需求及精神升华。这样，我们乃外有大千世界，内蕴灵性自我，环顾四周环境，脚踏实际大地，力求在可行的选择中而仍能保持或实现学者心目中的那种"独立与自由"。

十六、现实忧虑与未来思考

　　苦难、折磨是人一生中的悲情存在，多数人都无法逃避。在与新冠病毒抗争了三年之后，我们终于迎来了"放开"，不料就在还来不及喜悦时，许多人就突然莫名其妙地中招了，自己也很难幸免，在 2022 年 12 月的上旬烧了三天，幸运地成为"早阳"的一批。我们楼下有一小吃品牌与之谐音，卖的各种包子则是我喜欢且常吃的口味，所以我也曾调侃感谢它助我早阳渡劫，赢得了后来的主动。不过，当时并无"喜洋洋"的庆幸，而充满"懒洋洋"的感觉。自己虽然没有"躺平"却也基本"躺倒"，因而整天昏昏沉沉、迷迷糊糊，头重脚轻，浑身无力，由此也产生了不少想法。可能因为自己的病情并不严重，故此临界之际并不曾有过关于生命意义的沉重思考；而因自己视域的局限，所思所想自然也就仅限于在自己熟悉的人文领域，当然也会有某种紧贴现实的社会关切。

　　目前的混乱、冲突、战争是会加剧，还是有希望消解？人类重新站在了一个十字路口，需要慎重选择。不过，回顾过去，在人类历史上，大的疫情往往会给人们带来思想和精神上的变化。而世人在这种反省、深思中也会触发一些思想火花，并促进社会的变革及发展。14世纪欧洲黑死病肆虐，许多人死于非命，但人们并未消极躲避，而是应对与思考，涌现出不少超凡脱俗的思想，故此曾形成了文艺复兴，发展出人文思潮，并在某种程度上影响到此后的宗教改革和启蒙运动，促进了民族发展和社会转型，开启了欧洲近代发展的全新历程。同样，20世纪初的所谓"西班牙流感"也对时局产生过重要影响，其间接导致了第一次世界大战的匆匆结束，随之出现了社会主义与资本主义两大阵营对峙于世界，决定了整个世纪的发展。因此，这次在21世纪初期爆发的全球疫情同样影响广远、震动巨大，势必也会引发人们的各种思考。而在思想界、文化界及学术界出现的相关的人文思考，自然也在情理之中。2021年，我们曾组织北京社会科学相关领域的一些学者从哲学、宗教学、社会学、政治学和国际关系等方面来对疫情及世情加以讨论，谈了各自的见解与看法。即便在我们逐渐走出疫情阴影的2023年，全球疫情肆虐的后遗症，以及欧洲和中东战火的弥漫，都使这个"年"过得很不轻松，甚至让不少人对新年初推出的黄永玉（1924—2023）绝作——"兔年"邮票也浮想联翩，有着不舒服或另有发见之感。而我们在人文层面上的思考，则大致可以从如下两个方面来展开，一是现实忧虑，二是未来思考。

（一）现实忧虑

新冠疫情对人类而言是极坏的，也给人类带来了重大考验。在面对及应对新冠疫情时，人们见解各异、态度不同，并未体现出人类的团结协助和对病毒的同仇敌忾，反而加剧了人际关系的分歧、分化，甚至分裂。这种分歧以对疫情的看法和处置为主线，进而引起在意识形态领域、价值观领域、思想政治领域，以及国际关系领域的紧张关系。而随着俄乌冲突的失控、巴以冲突的爆发，整个世界已有着可能崩溃的紧张态势，人类则进入二战结束以来最不稳定、最不和谐、充满危机、险象环生的时期，在普遍担心新的世界大战可能一触即发。

1. 在如何对待疾病与死亡的问题上，社会上的分歧非常尖锐地暴露出来。恰如英国文艺复兴时期伟大的剧作家莎士比亚（1564—1616）在悲剧《哈姆雷特》中的名言——"活着，还是死去，这是一个问题"，有的人"向死而生"，也有人"求生却亡"，着实不解命运的捉弄。见解的分歧带来认知的混乱，尤其在个人与群体的态度上，这种不同极为明显。个人在面对疾病与死亡时，有无所畏惧、积极应对、向死而生、视死如归，或者听之任之、躺平无为、任运自然、一死百了，或者恐惧害怕、惊慌失措、极力逃避、绝望崩溃等不同态度和表现。这些选择也反映在人际关系的处理上，在如何对待自己、如何对待他者的问题上，或是镇定，或是失态，或是热情相助、不顾自我，或是冷漠相待、无动于衷。在"人的本性和命运"这一基本定位上也有着各种不同的"曝光"。面对疫情，有"吹哨"者，也有"掩盖"者，我们还见证了不少医护人员、志愿者和教职人员把生的希望留给他人，对死的危险主动迎接。而在人际关系的扩大上，则是各种群体的相关表现。有八方援助，也有闭关自守；有敢于担当，也有甩锅推诿。人们不仅要面对生与死的考验，还会以其存在方式的选择回答"生命的意义""人生的价值"等诘难。相关选择使群体更团结，也有某些举止导致群体走向分裂。对此的思考是哲学思考、人性思考。

2. 在如何处理国际合作上，国际社会虽然做出了巨大努力，但结果并不令人十分满意。在疫情处置上的不和谐，于此露出冰山一角。这里，涉及各个国家与相关国际社团及组织的责任问题及立场站位。从总体来看，世界卫生组织甚至联合国的表现在应对、处置新冠疫情上都显得比较被动和勉强，不尽如人意，发挥不出人们所期望的有效作用。而各个国家基本上是各自为政，各行其是，有的甚至转嫁危机，以邻为壑。其效果、影响都有着巨大差异。国家之间的国际协调能力普遍较弱，齐心协力的应对则基本上不见踪影，而相关国家及其利益集团的政治偏见和拉帮结派却日渐明显。与之对比，"国际冒险主义""民族保险主义"均会出现极端之趋势。当中国实施"动态清零"时，西方国家曾有着所谓"不自由""不人道"的指责；但一旦中国"全面放开"，这些国家马上改变策略，对中国旅客实行关闭、堵防、严查的政策。其变脸之快如川剧中的表演。所谓"自由""人道""博爱""包容""大度"等虚情假意消失得干干净净，却露出了"自私""小气""偏见""歧视""排他"的真实嘴脸，反映出以邻为壑的自私本质。这里，我们看到了人类国际关系上的脆弱、相互交往上的不公。现实真相使人们对西方所吹嘘的价值观认知出现了颠覆性的转变。国际协调上的分殊暴露了世界未达和谐之窘态。守土为政的局限、世界政府的缺失，使人类的混乱自新冠疫情以来迅速加剧。

3. 在如何认识普遍价值与人类共识上，世界在倒退，并没有真正形成所谓普世价值或人类共识。由此可见，人类虽有近万年的文明历史，却没有真正"成熟"。世界的推动势力好似仍然是强势、霸权，到处都有着强者对弱者的霸凌。虽然人类是在冲突、战争中走过来的，国家的辉煌好似都是所谓"帝国"的辉煌，因此并无稳定的根基，但自 20 世纪下半叶以来，现代社会曾一度以"对话""协调""合作"为主流，包括"东西对话""南北对话"等，让人类看到从"对抗"走向"对话"的希望。在这种期盼下，人类由"热战"转向"冷战"，并进而步入"冷战后"时代，虽然还有"后冷战"之说的犹豫，毕竟不再是"世界大战""生死对抗"。于是，人们热议的是"全球化""地球村""联合国""普世存在""国际合作""同一个世界""人类命运共同体"等，有过一段"蜜月"时光。然而，自"文明冲突论"观念凸显，"去全球化"的迹象浮现，人类"对话"似乎成为一场空欢喜的讽刺。近代西方曾形成的"民主、自由、平等、博爱"等价值观念实质上已被抛弃，或成为某些族群、国家及国际利益集团联盟内部的专利、游戏规则或自娱自乐，概不对外；而所谓"普世价值"则成为某种私利的"遮羞布"。21 世纪以降，20 世纪初的悲剧好像在重现，瘟疫、战争又已重来。希望这不是人类的"魔咒"，更不要变成世界"永恒的轮回"。当下的图景是，人类可能在退出其文明的进程，正在走回野蛮时期的原始丛林，以弱肉强食、赢者通吃的所谓"丛林原则"来取代平等、公正的"文明秩序"。人类难道也只能是"物竞天择、适者生存"吗？如何避免重返"丛林"，制止野兽暴行、强盗逻辑、零和博弈，人类已经进入了最危险、最棘手，也最关键的时刻。

4. 在如何维护全球化及人类命运共同体上，人类出现了犹豫、退缩。曾经作为"国际警察"的超级大国从带头倡导"全球化""国际化"，以"人权大于主权"之论来企图维系世界秩序堕落到主动"退群"、退出其"国际担当"，在"去全球化"上领跑；它们不想与人类"共命运"，而只求自己一国的发展。这种自私自利甚至发展到只求自己国家某些小范围的利益集团或核心民族群体的福祉，其结果是种族歧视泛滥，国内矛盾加剧。如果以牺牲他国、他人的利益来重新谋求"自己的伟大"，世界就会陷入混乱、动荡。但谋求"一国独大"势必会走上穷兵黩武之路，并导致出现世界军备竞赛及你死我活的抗争，人类的处境则会更加糟糕。其实，当今时代只有一个需要共同维系的世界，人类的发展牵一发而动全身，损人不一定会利己，宁愿自残也要毁人更不可理喻。人类发展已经进入谁也离不开谁、唇亡齿寒的状态之中。大家一定要意识到，让别人不好，自己不一定就能达到真好，反而可能会共同毁灭。

5. 在如何调整人类与自然的关系上，人忘记了自己只是自然中的一员，并不是自然的主宰者，也不可随心所欲、为所欲为。物种的消失、生态的恶化、大气层的破坏等——人类对自然所实施的这一切破坏，肯定会遭到自然的强烈报复；人类对地球的摧残会最终导致人类自己的毁灭。因此，人作为自然世界的"管理者"要善于管理，必须呵护其生存的世界，意识到自己是维护自然世界之美的"花匠"，而不是消耗自然资源的"吃客"。但现在人类在面对自然资源时其"吃相"已经非常难看了，似乎忘记了人不可能超越其存在的世界而只能是其中的一员这一基本规律。这样，人类很有必要放弃对自然的高傲和轻慢，需要有与自然共存的态度及智慧。

以上所想，都是对现状的忧思。面对突然恶化的世界格局，我们唱不出"赞美诗"，而只能写出"忧思录"。

（二）未来思考

在中国改革开放初期，曾流行一首歌，唱的是"明天更美好"。但今天在预测人类未来时，可能会用"我不知道"的感慨来取代"明天会更好"的歌唱。20世纪初的世界状况曾使西方流行"危机思潮"，唱衰的是"西方的繁荣"，担心的是"西方的衰亡"。但21世纪上半叶，我们担心的是整个世界的命运，目前的情况是经济在衰退，疫情无尽期，战争在升级，人类在一片茫然、惶惑中仍然看不到走出困境的希望。

1. 文明对话是否还有可能？这种对话曾让人看到人类共在的美好景观，但现在只能"追忆似水年华"，好像重新努力的力度不大，愿意对话的热情不高。目前文化交流、文明对话都处于低迷之中，世界充满了对抗，弥漫着戾气，到处看到的是咄咄逼人、剑拔弩张。大家互不信任，彼此猜忌，好像都做好了拼一个鱼死网破的架势。

我们看到的是频频军演、针锋相对、冤冤相报，这种态势还在延伸扩散。特别是战争的惨烈、人员的死亡或伤残，都令人惨不忍睹。于此，文明对话的声音虽然趋弱却也需继续呐喊，在世界的嘈杂之中哪怕声嘶力竭也值得努力一试，而且还需要呐喊者坚韧不拔、持之以恒，也需要呐喊者越来越多。只有文明对话取代文明冲突，人类才有好的未来。

2. 民族和解是否还可继续？这在充斥着狭隘民族主义的当代好像是不切实际的奢望。不过，人类自古以来就是多民族的共在，这个世界并不属于某一单个民族，"一花不是春，百花春满园"，多元共存应该是历史哲学留给我们的真理。世界不可能只有一个民族，国家也只能是多民族国家。过去殖民时代的种族灭绝、民族歧视及压迫是人类不堪回首的梦魇，而文明冲突、种族灭绝的残暴曾把人类逼到极限。所以，世界各民族只有和解才能共存，只有相互理解、合作才会有人类和谐共在的大团结。倒退没有出路，只能是死路一条。对世界而言，"整体"乃多元一体，"共在"为不同而和。

3. 国际秩序是否还可恢复？这是当下所急需的。自二战结束之后，在世界局部或整体曾经建立起有着一定作用的国际秩序，也曾以联合国等国际组织及各种国际条约来保障。而现在世界各国各自封闭、互不信任之状，已使这种秩序失效。我们看到的现实状况不容乐观，国际组织或是无能为力，或是被操纵利用，失去了曾有的相对公正和国际威望。而国际条约亦被频频破坏，大国失信，无视、践踏或撕毁条约的现象不时出现。信誓旦旦的"立约"成为一纸空文，却有无法约束的无可奈何。但世界的混乱仍然只能靠重建国际秩序才能克服，没有这种秩序则会成为全人类的灾难。而当下应该如何重建这一秩序，现在仍没有找到着手点，看不到出路。

4. 科技发展是否还无底线，让人类继续自残自毁？人类一直欢呼科技的发展给世界带来的神奇变化，但随着核武器的出现、病毒的研制、基因编码、克隆技术，以及人工智能的滥用，没有伦理底线的科技成为人类自残的利剑。ChatGPT这类人工智能快速发展，其超强的"学习"能力已让人预感到取代人类乃指日可待。一旦其自我"学习"超越人的设计而成为人工智能脱离人类掌控的自我"主体"及智能"思想"，人类发展则有可能接近尾声。这些科技的所谓"成果"乃高悬在人类头上的"达摩克利斯之剑"，让人类时时处于危险之下，惶惶不可终日。核武器储存可以毁灭地球多次，没有某国存在则不要整个世界的威胁在逼近现实；肆虐的病毒则不知从何而来，"实验室泄露"已成为最大疑问；基因编码和克隆技术可以改变人性，让人面目全非；而智能机器人已有失控的可能，过去把动物装进笼子的人类将来有可能被机器人掌控而成为笼中之物。科技如此发展，人类还有未来吗？

5. 人的尊严是否还能重提？这是目前世界处境中人的自问。对不少人而言，面对疾病及死亡的威胁却缺医少药，没有及时得到治疗和抢救而陷入绝境，这在世界疫情面前乃冷酷的现实。在病毒及死亡的摧残下，有人失去了存在的尊严，而没有尊严的存在不是人所希望的真实存在。但在多数人的经历及体验中，这种尊严只是一种希望，或是寄托于彼岸的梦幻。新冠疫情给人的尊严再次带来沉重的打击，敲响了人类的生存警钟，未来频仍的大规模疫情会不断袭扰人类，挑战人的生存尊严。人首先要求活，遑论有尊严地活着。于此，"大写的人"不得不"躺平"。无法预料命运，以及无法及时有效地防治疾病，随时威胁着大家，甚至可能会使人一蹶不振。因此，杜绝生物实验的滥用，保持与自然的生态平衡及和谐，挽回或重建这种尊严就是拯救人类。

结语

未来的世界是一个令人焦虑的世界，也是我们可以想办法来共同拯救的世界。这种拯救要靠全人类共同努力。时代已经发生巨变，我们必须面向未来，把握好这一重大历史转型关口，以信息化发展来审视世界，用共存同亡来警示人类，回到对话、沟通、协商、合作的国际关系及国际交往这一正确路径上来。目前人类需要考虑的，除社会、国际关系的应对外，至少还有五个方面发展的得失值得注意：一是核能的利用，现在核大战、核泄漏的威胁已日趋明显；二是对生态的破坏，气候变暖导致了冰川崩塌、冰川融化，此外还有污染、臭氧空洞等问题；三是病毒的"人造"及泄露，以及细菌战、生化战的变相出现；四是基因的改变及编码，包括转基因产品的是非，动物与人的"合成"，以及克隆技术的滥用等；五是人工智能的失控，无所不能的"机器人"在超常发挥其潜能时也将对未来人类的生存构成威胁；等等。这些方面都值得深思。诚然，这些研究在科技领域具有无限的诱惑力，但人类对能否有效掌控它们却并无把握。这里，决定其命运的并非科技本身，而有着重要的人文考量。

因此，我们需要知道其"双刃剑"的利害关系，反思世界的乱局。这其实是自人类诞生以来就一直在面对、在思考，却也没有根本解决的问题。如果当前仍不能及时解决这些问题，人类发展还会真有前途吗？

简单而言，此即人类"独在"还是"共在"的问题，也就是说，是主张国家或民族的"一体独在"还是希望"多元共存"。全球疫情使这一问题再次极为尖锐地摆在了人类的面前。人类必须反问，我们在这场"大考"面前"及格"了吗？所谓"独在"就是谋求一人、一家、一族、一国或一个利益集团的私利，只希望自己独存或独大，而不顾及他者的存在和利益。这是人与人之间互斗、冲突、战争、分裂的根源之所在。在经过巨大损失及惨痛教训之后，人类开始思考并实践"共在"的意义及可能，由此开始找寻公共利益的起点，形成文化共在观，发展出共存的智慧——建设共同价值，主张多元共存，共构人类命运共同体。其实，早在中国西周时期，思想家史伯就已清晰而睿智地说明了这一问题，他主张"和实生物"，意识到"同则不继"，反对"去和而取同"（《国语·郑语》）。这里，"和"指"多样性的统一"，"同"即"单一的雷同"。史伯由此形成其倡导"和而不同"的"和合"哲理，并为儒家等思想流派所接受，形成中国争取普遍主义共同价值的基本思路。这种文明互鉴、取长补短、尊重他者、你我共和是人类发展多么理想的图景，可惜其践行却极为艰难。

仅从中西方文明交流的历史与现状来看，明末清初西方天主教耶稣会传教士来到中国，与莎士比亚几乎同时期的意大利人利玛窦

（1552—1610）等欧洲人因为尊重中华文化而一时形成了"西学东渐、东学西传"互敬互学的大好局面。但由于当时传教士中有人要持守维护西方信仰价值的"一统观念"，不愿与中华文化观念相协调及共存，而这种偏执又得到西方宗教权威的支持，故而导致所谓"中国礼仪之争"，结果两败俱伤，并开始了中西彼此封闭、互贬互损的对抗发展。这一历史教训是极为深刻的。在中国当代的改革开放中，一个重要的发展就是重新研习、评价西方思想文明。但近些年来中西方又有"文明冲突"的端倪，在西方攻击中国的同时，中国也出现了"西方文明虚构论"的回击。过往历史带来的经验教训在今天值得特别注意。如果只顾自己的"一体"而无视"多元"的存在，则会延续彼此间的敌意，导致出现世界乱局。所以我们要正视和维护"多元一体"及"和而不同"，要"美美与共"和互利互惠。世界"大同"是多元共存共在之同，而非消除异己之同。因此，我们必须尽快改变当前世界彼此争斗的局面。而局势的转变则需要负责任的大国担当和引领，也必须放弃唯我独尊、舍我其谁的高傲之态。这种取向及行动乃当务之急，时不我待。可惜人类仍很幼稚，还以斗狠逞强为荣，不能领悟大家都好自己才能更好的道理。

十七、擘雅畅想

在人类的教育中，有一种具有通识性的教育称为博雅教育，因其旨在提高人的基本素质，故又称为素质教育。但现代中国的教育体制似乎更注重所谓"专业"性、"知识"性教育，也培养出了众多专业人才。不过人们习惯的应试教育、填鸭式学习也出现了一些问题，中考、高考存在给人带来认知僵化和思想束缚的弊端，而文理分科等也可能存在"偏科"发展的极端趋向，满足于只知其一，无暇旁顾。这样，知识面狭窄、会背不会用成为畸形后果。不少人虽有"学问"却缺"文化"，而且因为修养跟不上、知识结构偏差，遂在民间出现了认为"专家"不"专"、"教授"难"教"的负面印象。学校所学，注重于知识的熟练把握，却没有意识到这种固态知识会因为时代的发展、视角的拓展而明显"过期"，在关键时刻并不好用，甚至根本就用不上。因此，知识教育、应试教育至少需要方法教育、应用教育的补充和完善。

中国古代曾有官方、民间协调互补的"书院"文化，其教育侧重于人的素质、修养，讲究人格、品性的培训。但现在这种"书院"教育似乎已经衰落，人们想复兴这种教育却步履维艰。目前官方的"书院"基本上已经融入当前"科班"教育的体制之内，而民间的"书院"则惨淡经营，如鱼得水者凤毛麟角。为此，我曾积极为民间书院呼吁，不仅在人大会议上提过应支持书院发展的建议，而且还积极参加了山东尼山圣源书院、北京四海孔子书院等民间书院的活动，并与湖南岳麓书院、上海法圣书院、四川灵岩书院等也有过接触。最近还专门到灵岩书院及法圣书院拜访。不少书院的辉煌历史和今日的复兴让人感触颇多。而趁着去贵阳开会之机，自己偶访气势恢宏的孔学堂，更是感觉震撼。二者形成了民间与官方兴趣及努力的对比和参照。不过，我总想能否在官方和民间这两种体制的教育方式之间找到一种新的突破点或结合点，而且更重要的是要找到这种文化努力或复兴最根本的灵魂之所在。要有一种兴学的主旨和归趣。故而自己共构"擘雅文化"及"擘雅教育"的想法也就油然而生，甚至曾不自量力地幻想能去创设一种"擘雅"书院或研究院，在头脑中有着种种空想的"擘画"。

在我的想象及理解中，"擘雅"对中国人而言就是一种文化灵魂的寻求、一种精神境界的修炼。其实，这就是世界眼光拓展与优秀传统文化发掘的共构。它应立意于结合通识教育来促进知识教育，有着"智"与"灵"的同步及协调。中华文明经历了五千多年的发展，有着独特的文化精神和睿智的教育方式。但随着西方教育体制的引进，我们可能出现了某种模式化的偏颇，所成定式反而显得比西方教育更为呆滞，给人一种"求知"有余、"运智"不足的印象，个人自由发挥的空间受到遏制，灵性及悟性在知识的海洋中被泯灭。其实，西方文明及其教育并非我们如今的这种理解及变化，其区别乃十分明显的。例如，其初中级教育和高等教育都充满了灵活性，保持着发展的活力及动力。我们不一定真正了解或理解。故此，我们在认识古今中外时一定要防范行差踏错。在当今动荡而多变的世界现实面前，是时候反思我们的文化理念、生活态度了，也必须及时调整对西方教育传统引进及重构时的偏差了。我们的文化及教育应积极推动转型发展，故而对中外文化精神传统都需要既怀旧，又更新，在反思、反省中开拓、发展，这样才能迎接全新时代的来临。而"擘雅"观念的诞生、"擘雅"文化的问世，正表明我们与这一新时代积极相遇，"擘雅"现象乃旨在历久弥新、与时俱进。

　　"擘雅"是对"博雅"理念的深化及拓展，有着更为全面的知识、智思和人格培育上的结合。本来"博雅"之"博"乃指远见、广博之学识和胸襟，而"擘雅"之"擘"则上升为出类拔萃、止于至善的追求和境界。从宏观理解上，"擘雅"表达了对文明历史的回溯和对人类未来的展望，是从整体上对人的知识结构及思维方式的调整及提升。在微观体认上，"擘雅"则意味着对人性、人格、人品的重塑。前些年北京大学组织了在中国召开的"世界哲学大会"，我也应邀出席了在人民大会堂举行的大会开幕式，在北京大学哲学系那古色古香的庭院中主持了一场专门关涉宗教哲学的对话研讨。这次大会用中华智慧名言"学以成人"作为主题，此表述生动形象、惟妙惟肖地反映出知识与人性的关系。"人是什么"乃永恒话题，是人希望"认识自己"的探索及回答。而"擘雅"正是在"学以成人"立意上的思考，要尝试对"人是什么"给出一种回答。有人曾让我最简练、精辟地解释"擘雅"的意蕴，我则会以"巨擘雅趣"来回答，在"知识上出类拔萃"为"擘"，在"人格上超凡脱俗"为"雅"，这就是"擘雅"的境界和追求。因此，"擘雅"所强调的是学术与修身的并重。这样，我们"擘雅"之人就应该向"有知识""有本事"和"有品位"的目标来发展。

"擘"的本来意思是"大拇指"，用来比喻杰出人物或在某领域有突出贡献者。这里，"擘"就是"追求卓越"，通过不倦的"学问"探究，争取在人们从事的各行各业做到出类拔萃，故而"擘"志在当今社会建设、科技创新和经济发展各领域造就杰出的人才。"擘"的追求没有最好，只有更好，要不断发展、不断提升，使我们的知识积淀及实践成果铸就一种品牌，形成一种文化。显然，这就需要博学笃志、厚德载物，把追求知识、掌握本领视为一个动态的过程，不断更新、恒久完善。我们应该使这种"擘"的意识成为民众的自觉，架起沟通学问与大众的桥梁，让中华民族积极弘扬人类优秀传统文化，接受先进科学文化，创立与时俱进的当代文化，由此使中国人成为学习性、思考性、创新性的复合性人群，投身于成为各自领域的"巨擘"的努力之中。所以，"擘"所追求的中华文化品牌就是让人成为有知识的人、有学问的人、有智慧的人，在各自专业或领域中能够发挥一技之长、造福于社会的人。这样一来，"擘"之豪迈、大度、自信和踏实就彰显出阳刚之气，要求人们脚踏实地、扎扎实实、兢兢业业，做出真实的成就，在强手如林的世界具有竞争的实力。

"雅"则是"争取完美"，以自觉的精神提高道德和文化修养，成为高尚的人、有道德的人、文化底蕴深厚的人、品味高雅及举止儒雅的人，追求一种"超凡脱俗"的情致、趣味、气韵和境界，不断超越自我、完善自我，止于至善。这种"雅趣"要求人们兴趣广泛、多才多艺、见多识广、谈吐不凡；其优雅对比"犟"则有一种阴柔之美。这样，我们的社会具有优秀个人修养和人文素养的民众就会逐渐增多，我们的民众也会自然地展示出其个人爱好上的雅趣和公共交往中的雅姿，以其雅致情趣而形成中华民族的人格品牌和文化魅力，最好地体现"学以成人"的理想境界，成为"高尚的人"、"有道德的人"、"脱离了低级趣味的人"、人格上日臻"完美的人"。

在现实社会中，我们不要抱怨社会的不公或发展的落后，而应该对这种现状加以冷静、科学的分析，找出问题的原因，弄清根节所在，由此投身于可以对之改变、改善的行动之中。中华民族文化素质、精神气质的全面提高是需要我们全力推进的。一个社会的发展除政治经济的因素外，最为内在且最为根本的则是其文化因素。文化乃是相关民族的标志及品牌，反映出人民的基本素质和能力。我们目前过于强调"学为升学"，而并不真正在意"学以成人"，缺乏钱学森等人梦寐以求的"大成"智慧。因此，只有做好"人"的工作，才可能激活社会发展的动力。在这方面显然空间很大，需要做的事情也很多。而且，"树人"的工作绝非一蹴而就的，需要持久的训练和长期的熏陶。一旦目标确定，就要积极投入到其实践中去。这一"成人"工程越早启动越好，而越多的人参加也就越有希望。否则，人类真有可能输给机器人的"智力"崛起和"学习"高速。

因此，"擘""雅"这种阳刚与柔美共构有其辩证变易和对应，反映出中华民族阴阳整合、能动发展的智慧。"擘"而"雅"将是我们努力争取的新时代之"新人"品牌、"新人"文化，形成对一种"全人""新人"教育的回应及呼应。"擘雅"文化精神及其品牌创立是光荣而艰巨的任务，需要我们持之以恒、坚持不懈的努力，也是我们的终身教育、终身学习。为此，我们既要具有世界眼光，向人类一切优秀的元素开放，以此充实自我、完善自我；也要具有历史意识，以反思历史而继往开来，以中外文明互鉴来谱写人类未来新章，体现"苟日新，日日新"的创新理念。为了达到博古通今、学贯中外，我们则需要脚踏实地，干在实处，虽不可好高骛远，却需志向高远。所以，"擘雅"不仅是我们努力争取的文化品牌，也是我们势在必行的文化事业。我们应该立足当下，面向大众，做好我们的社会工作，打好扎实的群众基础，以大众哲学、大众文化、大众学问、大众修养的定位来身体力行，服务社会，造福万家。人文领域的学科结构就如金字塔一般，只有博大精深，才可达其高不可攀。在这种知行合一的实践中，我们要有效推进我们的品牌学、文化学建设，形成高瞻远瞩、与时俱进的全新学科体系、学术体系、话语体系，以及社会文化、教育体系，丰富我们的文化知识，促进当今世界的思想发展。凭借这种坚实、扎实的知识基础和学术积淀，我们才有希望和勇气来攀登世界学术高峰，获其险峰之风光。

人类已经经历了各种教育模式，文化熏陶也逐渐深沉。因此，我们倡导的"擘雅文化"及"擘雅教育"应该体现出某种成熟，表达出人类真正的成长。这里，成熟应该是一种心境、气质和修养。这种成熟并不依赖于年龄的大小、资格的老嫩，而是在于人的觉悟，以及人观察、处理事务的视角及手段。而且，成熟也不等于成功，不能以成功为标准。所谓功成名就、官运亨通、财源滚滚、运气不断并不意味着成熟，而成熟乃在于对待这一切的态度。成熟是看淡一切，却不放任自流；无论成败，都会锲而不舍。人在任何处境中的泰然、安宁、自识、淡定，就是一种成熟。面对宇宙演变的斗转星移，世界发展的日新月异，以及社会变迁的此起彼伏，都需要一种看淡潮起潮落的冷静。长大并不就意味着告别了幼稚，而年少也不一定就难达老成。"擘雅"不分老小，成长事在人为。所以，"擘雅"不在论资排辈，而基于学习求进。"擘雅"不可浅尝辄止，而要不断精进。

在科技、信息交流高度发展的今天，人们在探究人类在全新的"元宇宙"时代的生存方式及发展潜能，尤其在发展人工智能时应确保其为人所用，而人不会被其所掌控。这对"学以成人"乃新的挑战。不是"太阳下面无新事"，而是"千变万化时时新"。"元宇宙"也要求我们回到"元"点来上下求索，追求更新与创新。数千年已过，但人类思想精神反思、体悟"元哲学"价值及意义的热情一直未减。其实"擘雅"精神并不鼓励人类过于快速的发展和对自然资源的消耗，针对"发展是硬道理"而提倡"存在是硬道理"，"可持续存在"才是人类延续的奥秘。在这种"快""慢"之间，慢节奏可保人类相对平安，而加快发展却往往会加快人类的灭亡。所以，世界不属于幼稚的冒进者，而依于耐心的等待者和仔细的观察者，要趋利避害，更需补偏救弊。

不过，人类并没有意识到当下存在的危机，而各国竞争步伐的加速则正日益逼近人类毁灭的危险。面对世界巨变、时代转型，"擘雅"可以成为我们在这一全新时代的"元思维"，提醒人们要优雅地生活，冷静地发展，高质量地生存，而不是在高科技的疯狂冒进中自我意淫和自我毁灭。因此，"擘雅"人生所铸就的文化品牌则可提升中华、惠及世界。在近年来与恒源祥原董事长刘瑞旗先生进行"信仰与习惯"课题的合作中，我们发现有着共同的志向和追求。他接受我的建议将其新创立的文化集团定名为"擘雅集团"，其意趣乃致力于品牌学与文化学的创建，并且还实质性地在筹建擘雅品牌研究院和擘雅文化研究院中使之得以落实和推进，由此也开始了与中国传媒大学及南开大学等学术教育机构的积极合作。刘先生的名言"文化是习惯，品牌是记忆"影响广远，对其魄力和能力我极为佩服，自然非常乐于其成。前几年，我们曾组织了几期擘雅研修班，积极尝试开展不同层面的交流及互动，效果非常好。我们的目的不是办成某一专门领域的进修班或高级研修班，而是使之成为开阔眼界、拓展思路、集思广益、博学多闻的学习平台。各界青年才俊于此需要放下身段，以文会友，广结学缘，共构一个全新的精神默契。可惜新冠疫情耽误了我们研修班的继续开展，只能静待新的机遇。好在现在形势好转，我们赢来了重新擘画、积极构设、努力实践的新机遇。

　　总之，文化、品牌不只对于企业意义重大，而我们整个民族都意义重大，具有普遍价值。通过文化、品牌提升，对于相关企业和我们整个中华民族的可持续生存及相应发展，则可以说"文化是灵魂，品牌是生命"。因此，我们应该多建设这种开发智力、开阔眼界、打开思路、开启未来的学习平台，让大家集思广益、博学多闻。我衷心希望，随着我们认知的深化和思想的成熟，"擘雅"能够成为走向世界、让人们耳目一新的一种新时代的中华文化品牌，也默默祈愿这一努力能够梦想成真。